ÜBER DIESES NOTIZBUCH

Nützen Sie dieses Notizbuch neben dem *Großen Whisky-Buch*, um alle von Ihnen verkosteten Whiskys und Ihre Eindrücke davon zu dokumentieren. Es bietet Platz für viele bekannte und neue Whiskys, und Sie können darin wichtige Merkmale wie Farbe, Geruch und Geschmack beschreiben. Ihre Entdeckungen können Sie auf der „Landkarte des Geschmacks" verorten und jedem Whisky nach Ihrem eigenen System Sterne verleihen.
So behalten Sie die Whiskys im Blick, die Ihnen geschmeckt haben, und vermeiden in Zukunft jene, die nicht so toll waren.

Es gibt genug Raum für jeden Whisky, um Namen, Destillerie, Alter und Eindrücke niederzuschreiben.
Viel Spaß dabei!

SO VERKOSTET MAN WHISKY

Whisky ist die komplexeste Spirituose der Welt, mit einem größeren Aromenspektrum als jedes andere Getränk. Die Tasting-Anleitung auf den folgenden Seiten soll Ihnen helfen, Ihren Whisky intensiver zu genießen und seine subtilen Aromen zu entdecken. Mehrere Whiskys sollte man in einer sinnvollen Reihenfolge verkosten. Beginnen Sie mit den leichteren, feineren Whiskys, um sich dann zu den volleren und schließlich den rauchigen, schweren Whiskys vorzuarbeiten. Auf Whiskys mit niedrigerem Alkoholgehalt folgen die hochprozentigen.

Bildnachweis: alle Hintergrundillustrationen © Graphicstock. Landkarte des Geschmacks © Diageo, überarbeitet von five-twentyfive.com. Seite 1, 21 © Stranahan • Seite 9 © Still Waters • Seite 14, 47 © Glengoyne • Seite 18 © Old Hobart Distillery • Seite 26 © Glen Moray • Seite 29 © The Belgian Owl • Seite 33 © Knockando • Seite 36 © Glenfarclas • Seite 39 © Armorik • Seite 44, 60 © Braunstein • Seite 50 © Tullibardine • Seite 57 © Glenrothes

1. GLÄSER

Das richtige Glas hilft wesentlich dabei, die vielfältigen Aromen in einem Whisky herauszuarbeiten. Ideal ist ein tulpenförmiges Glas, doch jedes sich nach oben verjüngende Glas hilft, Aromen im oberen Bereich zu fangen und zu konzentrieren. In breiten Gläsern wie Tumblern verflüchtigen sie sich schnell. Nur in ganz klaren Gläsern können Sie die Farbe beurteilen.

2. FARBE

Halten Sie das Glas gegen das Licht und beurteilen Sie die Farbe. Vor einem weißen Hintergrund kann man die Farbe des Whiskys unverfälscht erkennen. Die Färbung ist ein wichtiger Hinweis auf die Art der Fässer, in denen der Whisky gereift ist. Hellere Whiskys stammen meist aus Bourbonfässern, dunklere dagegen aus Sherryfässern. Whisky präsentiert sich in erstaunlicher Farbvielfalt, man findet in Whiskys, die in Portwein- oder Rotweinfässern lagerten, sogar helle Rosa- und Rotfarbnuancen. Erkundigen Sie sich vorher, ob die Destillerie zum Färben Zuckerkulör einsetzt.

3. TRÄNEN

Wie ein Whisky sich im Glas verhält, lässt ebenfalls Schlüsse auf seinen Charakter zu. Versetzen Sie den Whisky im Glas in eine schnelle Drehbewegung, dadurch verdunstet etwas Alkohol und setzt mehr Aromen an der Nase frei. Außerdem sieht das sehr kennerhaft aus. Während der Whisky an der Glasinnenseite herabläuft, beobachten Sie, wie die Flüssigkeit lange Spuren bildet – die sogenannten Tränen (Tears, manchmal auch als Legs bezeichnet). Notieren Sie, wie eng sie beieinanderliegen und ob sie schnell oder langsam am Glas abfließen. Dies sind Hinweise auf Viskosität, Mundgefühl und Alkoholgehalt. Je enger die Tränen beieinanderliegen, umso höher der Alkoholgehalt, und je langsamer sie fließen, umso voller und vielleicht auch älter ist der Whisky. Nun sollte sich der Whisky bereits seit einigen Minuten im Glas befinden. Man muss ihm etwas Zeit geben, um sich zu akklimatisieren und zu entfalten. Der eben eingeschenkte Whisky hatte unter Umständen über Jahre keinen Kontakt mit Sauerstoff. Während Sie ihn optisch prüfen, können sich die Aromen entfalten.

4. NASE

Die geruchliche Beurteilung (das Nosing) von Whiskys ist eine der wichtigsten Möglichkeiten, um Charakter und Unterschiede zu erkennen. Allein über die Nase kann man eine Vielzahl von Aromen wahrnehmen, die Hinweise auf den Charakter und Geschmack eines Whiskys geben. Halten Sie das Glas dicht unter Ihre Nase und atmen Sie sanft ein. Dann nehmen Sie das Glas zur Seite, atmen normal aus und ein und halten es erneut an die Nase. So gewöhnen sich die Sinne an den starken Alkoholduft. Manche Whiskys haben einen so betörenden Duft, dass man das Glas gar nicht mehr von der Nase entfernen will.

5. GESCHMACK

Nehmen Sie einen kleinen Schluck, behalten Sie ihn auf der Zunge und bewegen Sie ihn mit Kaubewegungen etwas im Mund herum. Lassen Sie den Whisky vor dem Schlucken mindestens fünf bis zehn Sekunden auf der Zunge. In dieser Zeit wird der Alkohol weicher und mehr Aromen erscheinen. Notieren Sie Ihre Eindrücke von Mundgefühl und Aromen. Überlegen Sie, an was Sie der Geschmack erinnert. Wenn Sie den Whisky dann hinunterschlucken, notieren Sie Ihre Eindrücke vom Abgang (Finish), dem nachklingenden Geschmack. Einige Whiskys haben ein längeres oder intensiveres Finish als andere.

6. WASSER UND EIS

Die Zugabe einiger Tropfen ungechlorten, stillen Wassers kann die Entfaltung von Aromen unterstützen. Jedem Whisky mit einem Alkoholgehalt von 40–46 Vol.-% wurde bereits vor der Abfüllung Wasser zugesetzt. Hat man es mit einem Whisky in Cask-Strength mit 50 Vol.-% und teils deutlich mehr zu tun, kann ein Wasserzusatz durchaus vorteilhaft sein. Einige Whiskys profitieren von der Wasserzugabe, andere werden dadurch etwas flach. Es bleibt also Ihre persönliche Entscheidung. Die Zugabe von Eis ist beim Tasting nicht zu empfehlen, denn es schränkt die Wahrnehmung der Aromen ein. Experten beobachten das mit Missfallen, aber letztlich ist es Ihr Whisky! Sie haben ihn bezahlt, also trinken Sie ihn so, wie er Ihnen am besten schmeckt.

Whisky

Destillerie

Datum der Probe

Alter

Preis

Bewertung ★ ★ ★ ★ ★

Notizen

```
         RAUCHIG
    ┌──────────┐
    │          │
LEICHT        VOLL
    │          │
    └──────────┘
          FEIN
```

Whisky

Destillerie

Datum der Probe

Alter

Preis

Bewertung ★ ★ ★ ★ ★

Notizen

```
         RAUCHIG
    ┌──────────┐
    │          │
LEICHT        VOLL
    │          │
    └──────────┘
          FEIN
```

LANDKARTE DES GESCHMACKS

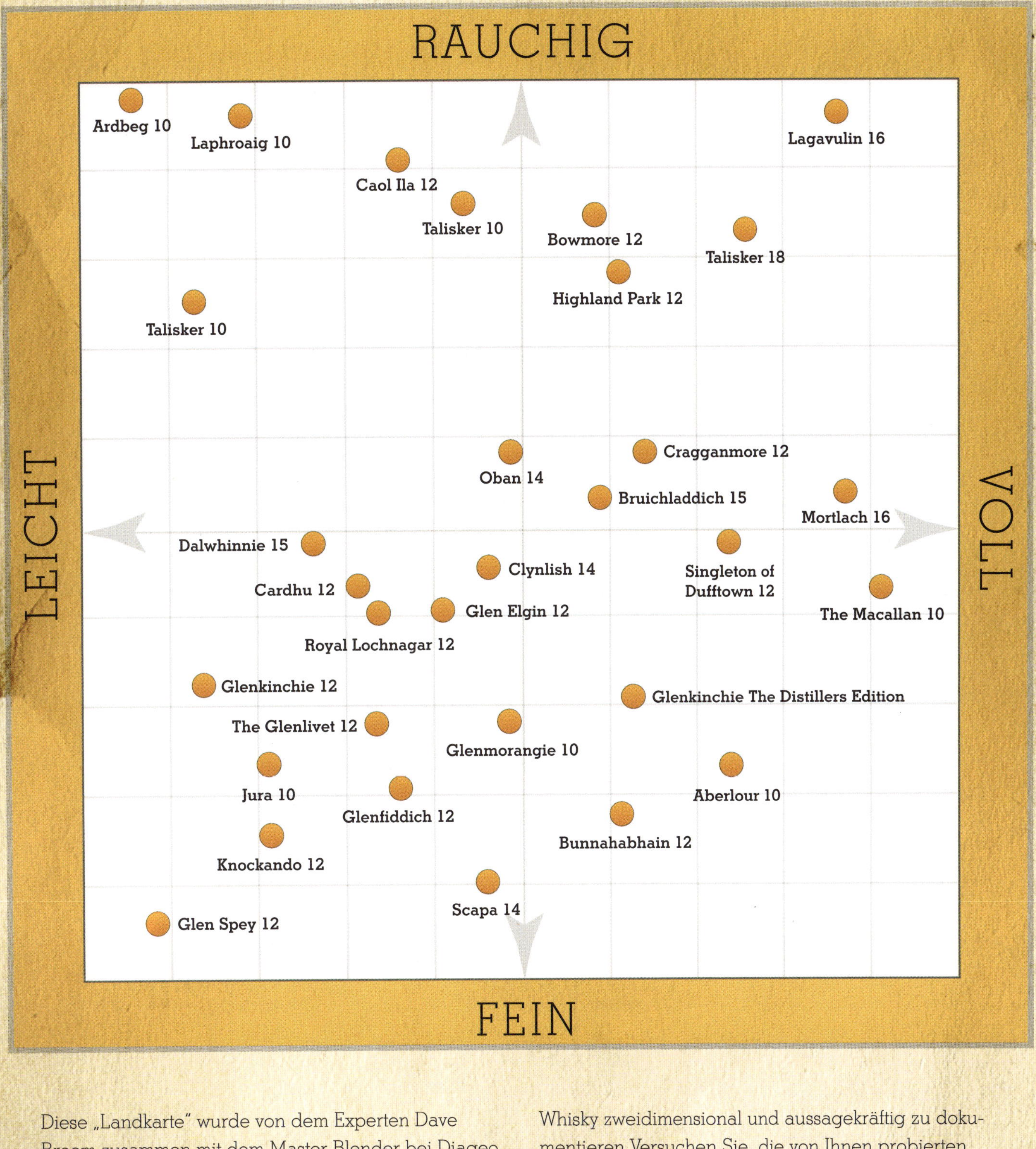

Diese „Landkarte" wurde von dem Experten Dave Broom zusammen mit dem Master Blender bei Diageo, Jim Beveridge, entwickelt. Die Karte ist ein geniales Mittel, um das komplexe Geschmacksspektrum von Whisky zweidimensional und aussagekräftig zu dokumentieren. Versuchen Sie, die von Ihnen probierten Whiskys darin zu verorten. Mit der Zeit erkennen Sie dann, welcher Whisky-Stil Ihnen am besten schmeckt.

Whisky

Destillerie

Datum der Probe

Alter

Preis

Bewertung ★ ★ ★ ★ ★

Notizen

RAUCHIG

LEICHT — VOLL

FEIN

Whisky

Destillerie

Datum der Probe

Alter

Preis

Bewertung ★ ★ ★ ★ ★

Notizen

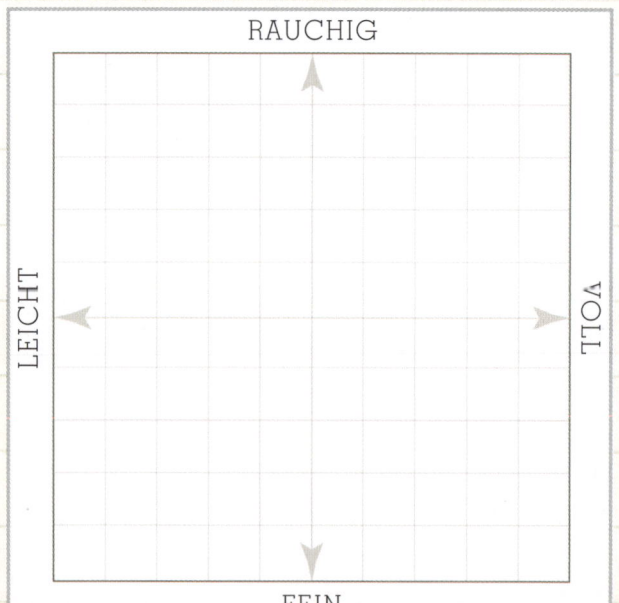

RAUCHIG

LEICHT — VOLL

FEIN

Whisky

Destillerie

Datum der Probe

Alter

Preis

Bewertung ★ ★ ★ ★ ★

Notizen

RAUCHIG

LEICHT — VOLL

FEIN

Whisky

Destillerie

Datum der Probe

Alter

Preis

Bewertung ★ ★ ★ ★ ★

Notizen

RAUCHIG

LEICHT — VOLL

FEIN

Whisky

Destillerie

Datum der Probe

Alter

Preis

Bewertung ★ ★ ★ ★ ★

Notizen

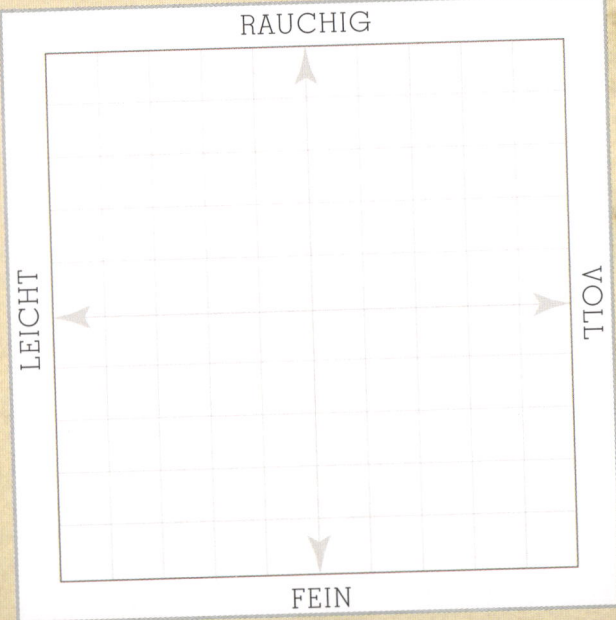

Whisky

Destillerie

Datum der Probe

Alter

Preis

Bewertung ★ ★ ★ ★ ★

Notizen

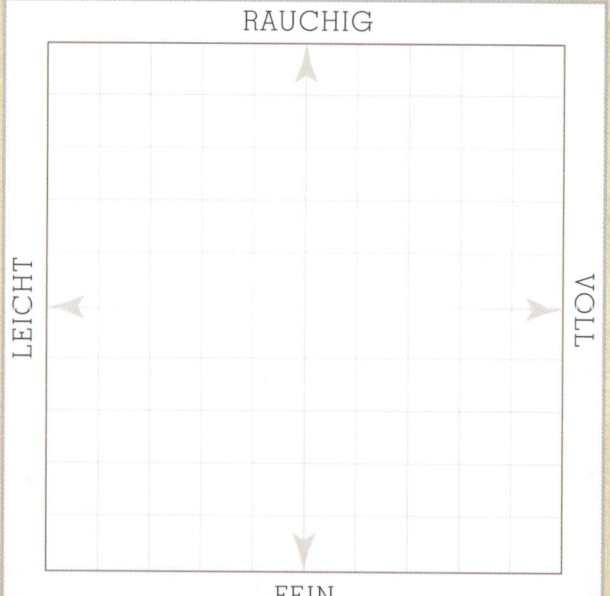

Whisky _____

Destillerie _____

Datum der Probe _____

Alter _____

Preis _____

Bewertung ★ ★ ★ ★ ★

Notizen _____
_____
_____
_____
_____
_____

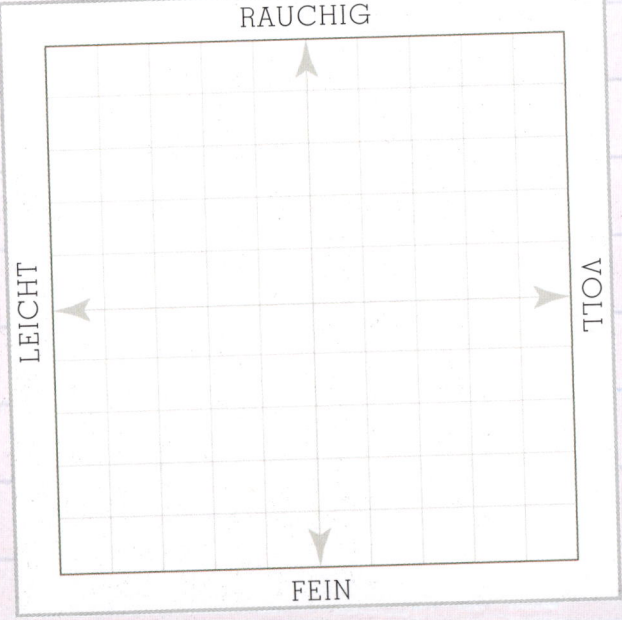

Whisky _____

Destillerie _____

Datum der Probe _____

Alter _____

Preis _____

Bewertung ★ ★ ★ ★ ★

Notizen _____
_____
_____
_____
_____
_____

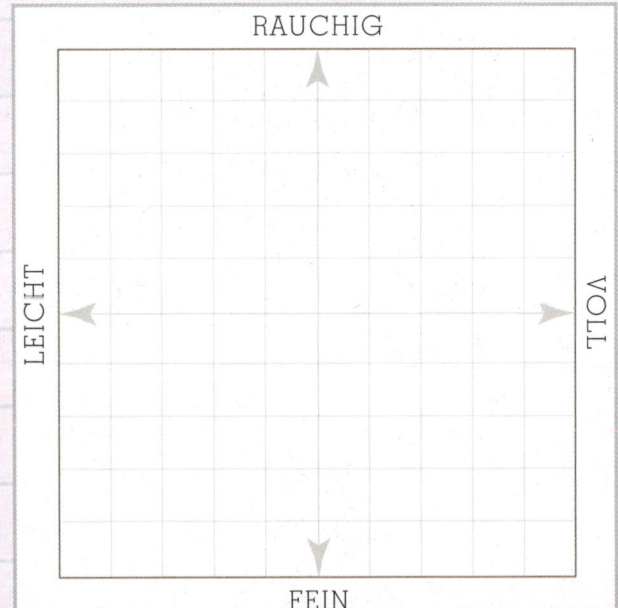

Whisky _____

Destillerie _____

Datum der Probe _____

Alter _____

Preis _____

Bewertung ★ ★ ★ ★ ★

Notizen _____

_____

_____

_____

```
           RAUCHIG
        ┌─────────┐
        │    ↑    │
  LEICHT │ ←   → │ VOLL
        │    ↓    │
        └─────────┘
           FEIN
```

Whisky _____

Destillerie _____

Datum der Probe _____

Alter _____

Preis _____

Bewertung ★ ★ ★ ★ ★

Notizen _____

_____

_____

_____

```
           RAUCHIG
        ┌─────────┐
        │    ↑    │
  LEICHT │ ←   → │ VOLL
        │    ↓    │
        └─────────┘
           FEIN
```

Whisky

Destillerie

Datum der Probe

Alter

Preis

Bewertung ★ ★ ★ ★ ★

Notizen

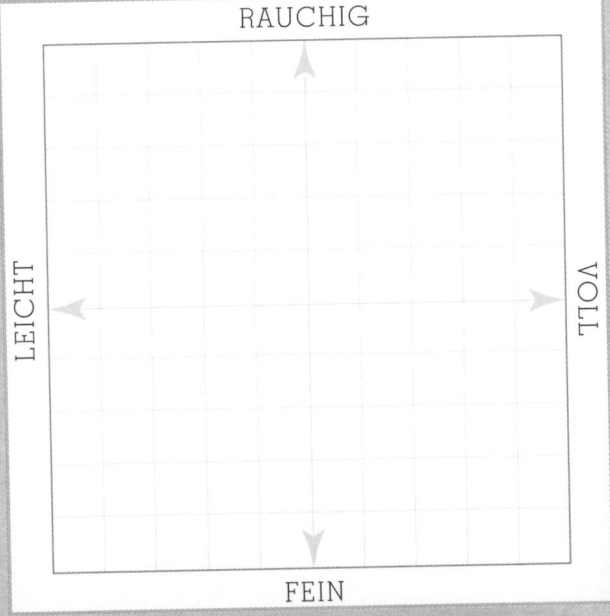

Whisky

Destillerie

Datum der Probe

Alter

Preis

Bewertung ★ ★ ★ ★ ★

Notizen

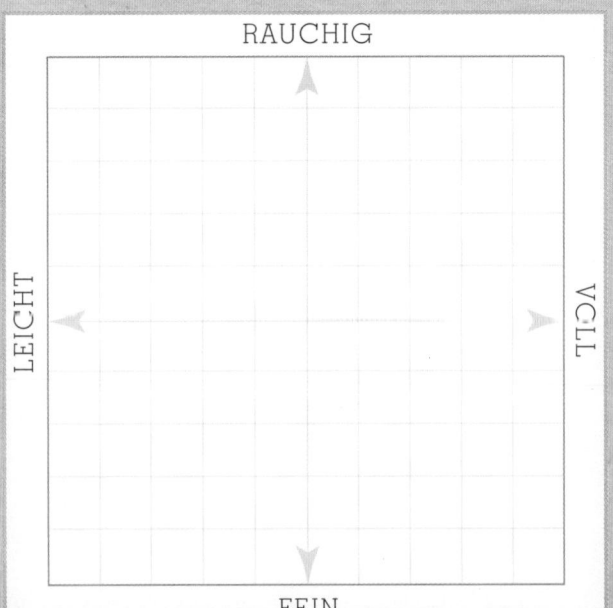

Whisky

Destillerie

Datum der Probe

Alter

Preis

Bewertung

Notizen

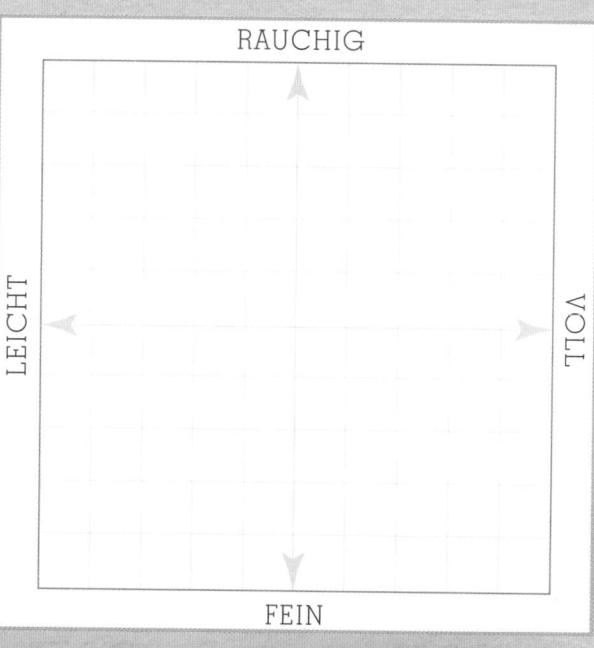

Whisky

Destillerie

Datum der Probe

Alter

Preis

Bewertung

Notizen

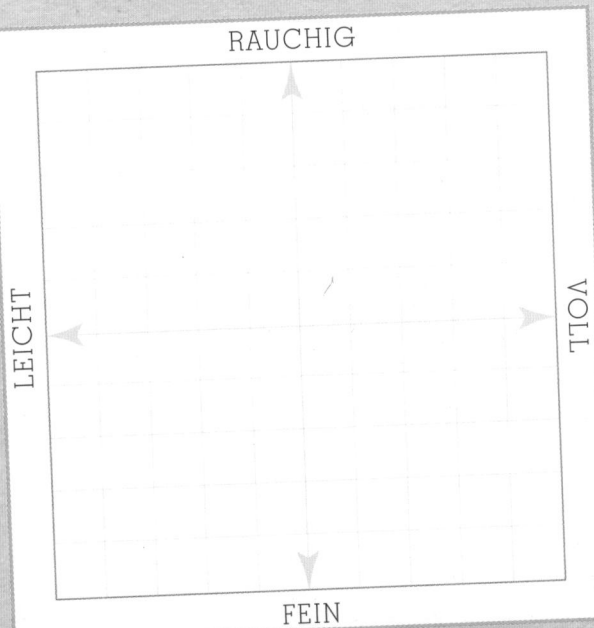

Whisky

Destillerie

Datum der Probe

Alter

Preis

Bewertung ★ ★ ★ ★ ★

Notizen

RAUCHIG

LEICHT   VOLL

FEIN

Whisky

Destillerie

Datum der Probe

Alter

Preis

Bewertung ★ ★ ★ ★ ★

Notizen

RAUCHIG

LEICHT   VOLL

FEIN

Whisky

Destillerie

Datum der Probe

Alter

Preis

Bewertung ★ ★ ★ ★ ★

Notizen

```
                RAUCHIG
        ┌─────────────────┐
        │                 │
  LEICHT │                 │ VOLL
        │                 │
        └─────────────────┘
                 FEIN
```

Whisky

Destillerie

Datum der Probe

Alter

Preis

Bewertung ★ ★ ★ ★ ★

Notizen

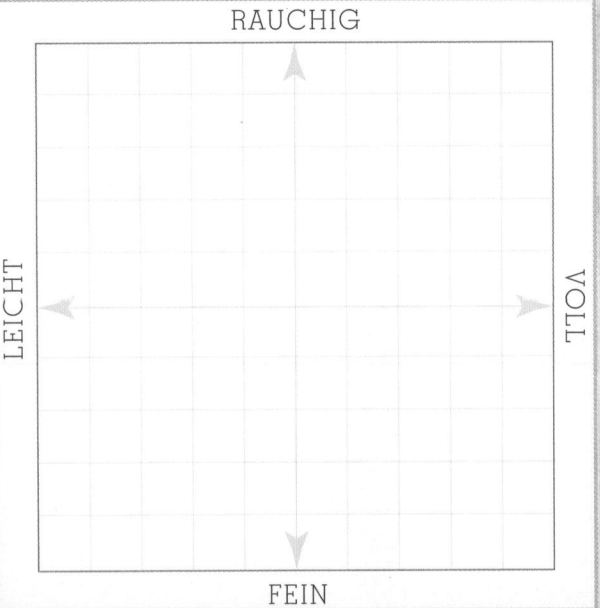

Whisky

Destillerie

Datum der Probe

Alter

Preis

Bewertung ★ ★ ★ ★ ★

Notizen

RAUCHIG

LEICHT — VOLL

FEIN

Whisky

Destillerie

Datum der Probe

Alter

Preis

Bewertung ★ ★ ★ ★ ★

Notizen

RAUCHIG

LEICHT — VOLL

FEIN

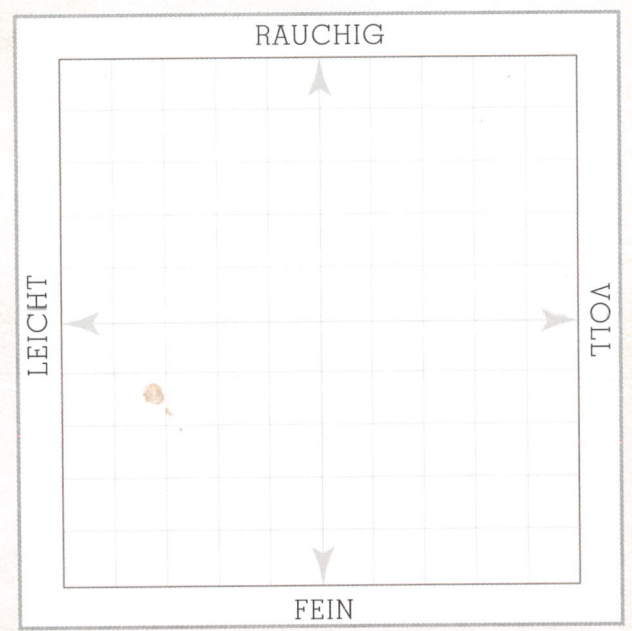

Whisky

Destillerie

Datum der Probe

Alter

Preis

Bewertung ★ ★ ★ ★ ★

Notizen

RAUCHIG

LEICHT — VOLL

FEIN

Whisky
Destillerie
Datum der Probe
Alter
Preis
Bewertung ★ ★ ★ ★ ★
Notizen

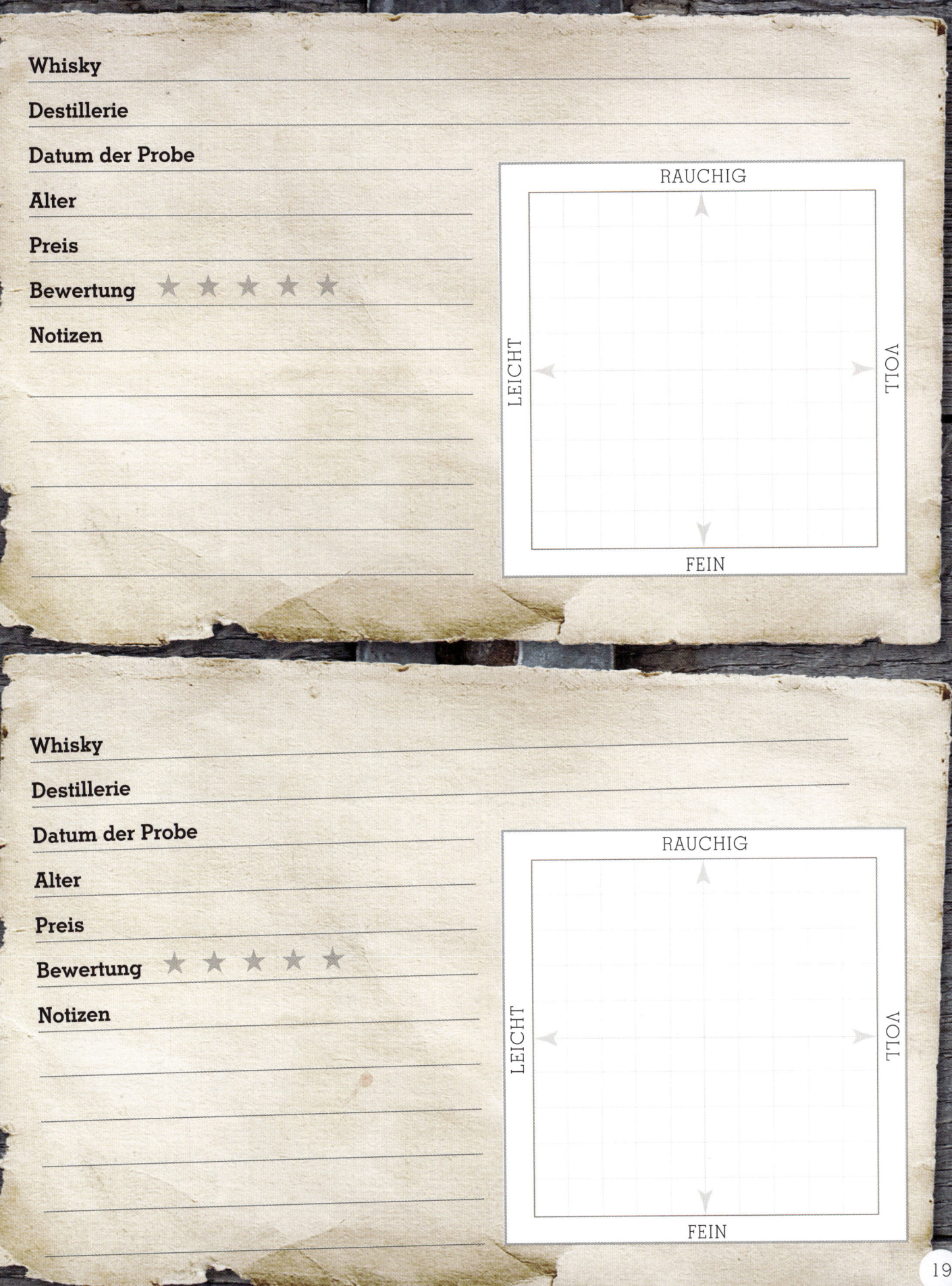

Whisky
Destillerie
Datum der Probe
Alter
Preis
Bewertung ★ ★ ★ ★ ★
Notizen

Whisky

Destillerie

Datum der Probe

Alter

Preis

Bewertung ★ ★ ★ ★ ★

Notizen

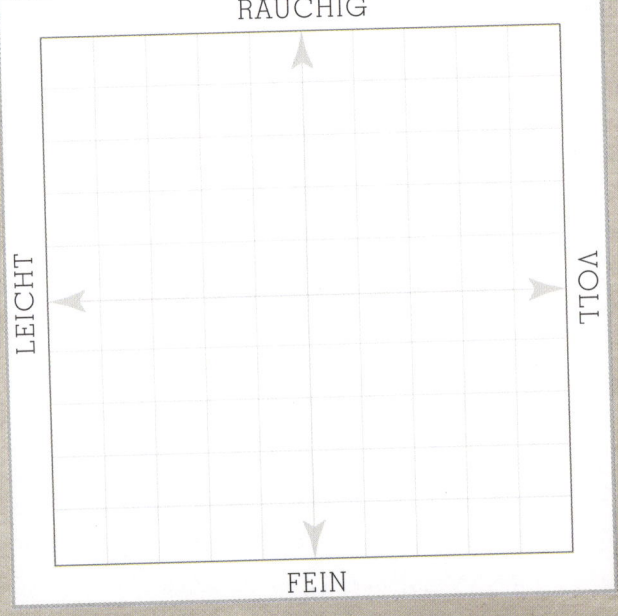

Whisky

Destillerie

Datum der Probe

Alter

Preis

Bewertung ★ ★ ★ ★ ★

Notizen

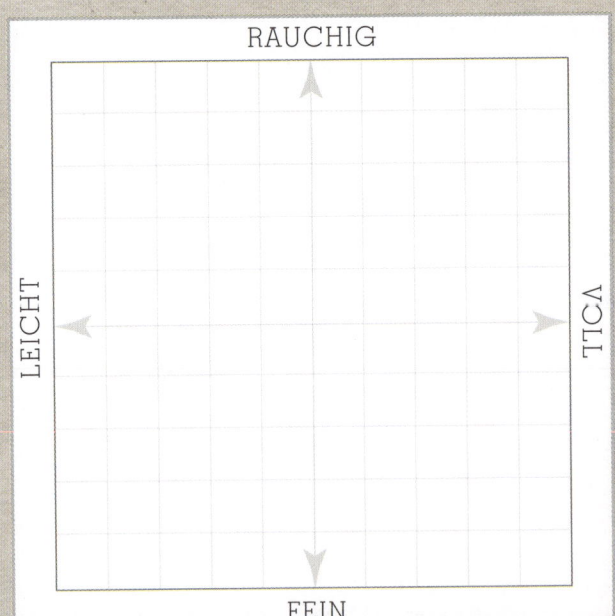

Whisky _____

Destillerie _____

Datum der Probe _____

Alter _____

Preis _____

Bewertung ★ ★ ★ ★ ★

Notizen _____

_____

_____

_____

_____

RAUCHIG — LEICHT — VOLL — FEIN

Whisky _____

Destillerie _____

Datum der Probe _____

Alter _____

Preis _____

Bewertung ★ ★ ★ ★ ★

Notizen _____

_____

_____

_____

_____

RAUCHIG — LEICHT — VOLL — FEIN

Whisky

Destillerie

Datum der Probe

Alter

Preis

Bewertung ★ ★ ★ ★ ★

Notizen

RAUCHIG

LEICHT — VOLL

FEIN

Whisky

Destillerie

Datum der Probe

Alter

Preis

Bewertung ★ ★ ★ ★ ★

Notizen

RAUCHIG

LEICHT — VOLL

FEIN

Whisky

Destillerie

Datum der Probe

Alter

Preis

Bewertung ★ ★ ★ ★ ★

Notizen

```
RAUCHIG
LEICHT ← → VOLL
FEIN
```

Whisky

Destillerie

Datum der Probe

Alter

Preis

Bewertung ★ ★ ★ ★ ★

Notizen

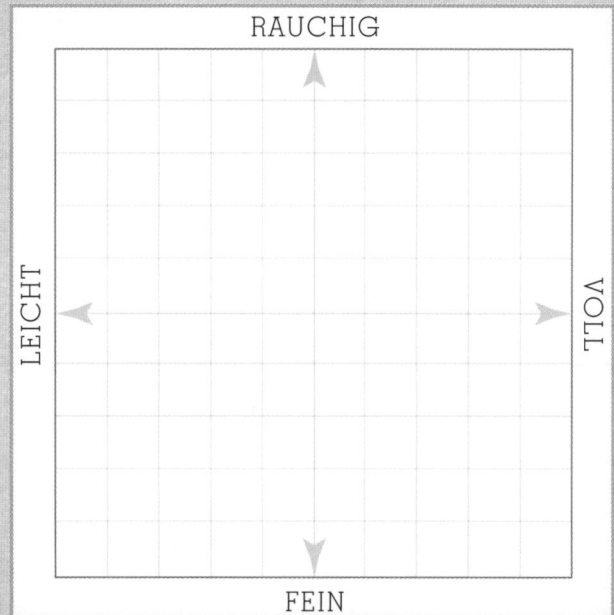

Whisky

Destillerie

Datum der Probe

Alter

Preis

Bewertung ★ ★ ★ ★ ★

Notizen

RAUCHIG

LEICHT   VOLL

FEIN

Whisky

Destillerie

Datum der Probe

Alter

Preis

Bewertung ★ ★ ★ ★ ★

Notizen

RAUCHIG

LEICHT   VOLL

FEIN

Whisky

Destillerie

Datum der Probe

Alter

Preis

Bewertung ★ ★ ★ ★ ★

Notizen

RAUCHIG

LEICHT — VOLL

FEIN

Whisky

Destillerie

Datum der Probe

Alter

Preis

Bewertung ★ ★ ★ ★ ★

Notizen

RAUCHIG

LEICHT — VOLL

FEIN

Whisky ___

Destillerie ___

Datum der Probe ___

Alter ___

Preis ___

Bewertung ★ ★ ★ ★ ★

Notizen ___

___

___

___

___

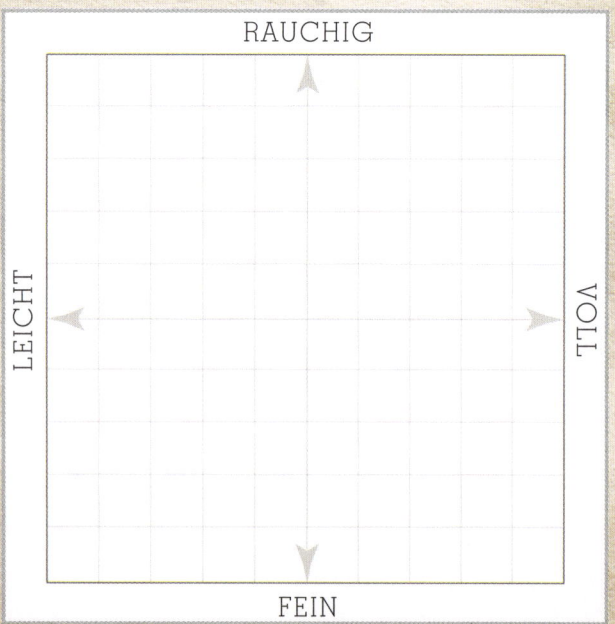

Whisky ___

Destillerie ___

Datum der Probe ___

Alter ___

Preis ___

Bewertung ★ ★ ★ ★ ★

Notizen ___

___

___

___

___

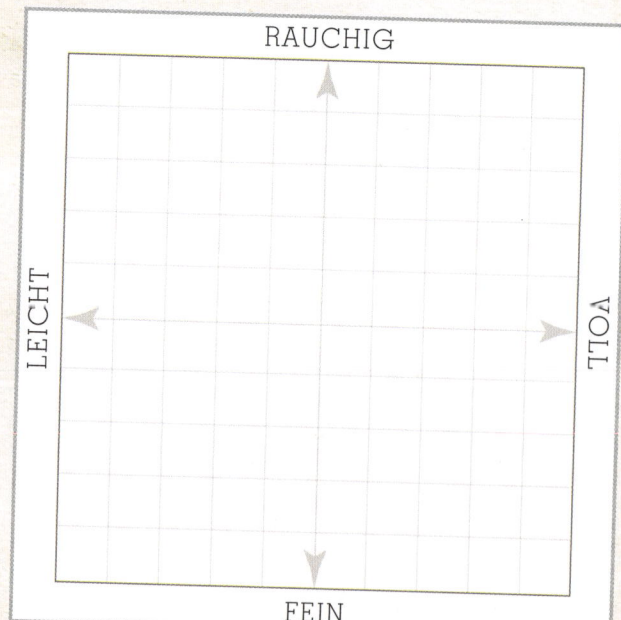

Whisky

Destillerie

Datum der Probe

Alter

Preis

Bewertung ★ ★ ★ ★ ★

Notizen

RAUCHIG

LEICHT — VOLL

FEIN

Whisky

Destillerie

Datum der Probe

Alter

Preis

Bewertung ★ ★ ★ ★ ★

Notizen

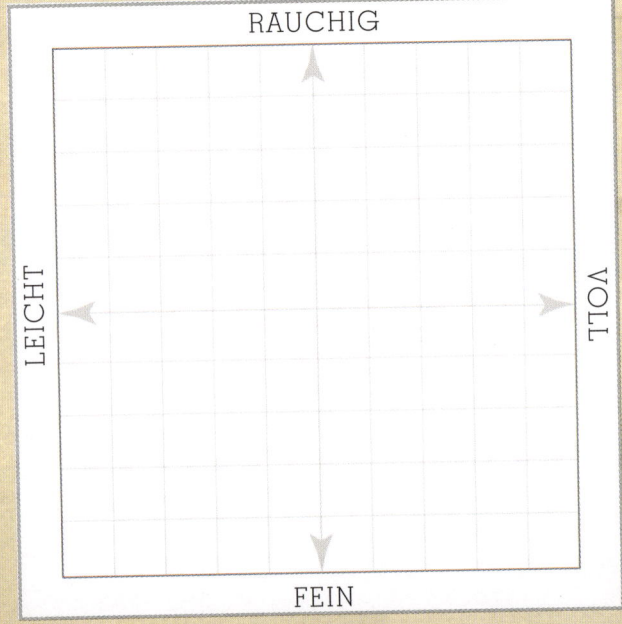

Whisky

Destillerie

Datum der Probe

Alter

Preis

Bewertung ★ ★ ★ ★ ★

Notizen

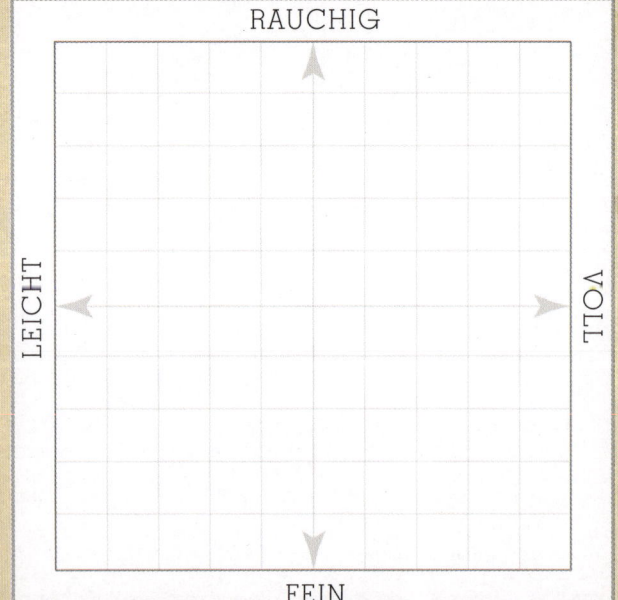

Whisky

Destillerie

Datum der Probe

Alter

Preis

Bewertung ★ ★ ★ ★ ★

Notizen

RAUCHIG

LEICHT — VOLL

FEIN

Whisky

Destillerie

Datum der Probe

Alter

Preis

Bewertung ★ ★ ★ ★ ★

Notizen

RAUCHIG

LEICHT — VOLL

FEIN

Whisky

Destillerie

Datum der Probe

Alter

Preis

Bewertung ★ ★ ★ ★ ★

Notizen

```
        RAUCHIG
  ┌─────────┐
  │         │
LEICHT     VOLL
  │         │
  └─────────┘
         FEIN
```

Whisky

Destillerie

Datum der Probe

Alter

Preis

Bewertung ★ ★ ★ ★ ★

Notizen

```
        RAUCHIG
  ┌─────────┐
  │         │
LEICHT     VOLL
  │         │
  └─────────┘
         FEIN
```

Whisky

Destillerie

Datum der Probe

Alter

Preis

Bewertung ★ ★ ★ ★ ★

Notizen

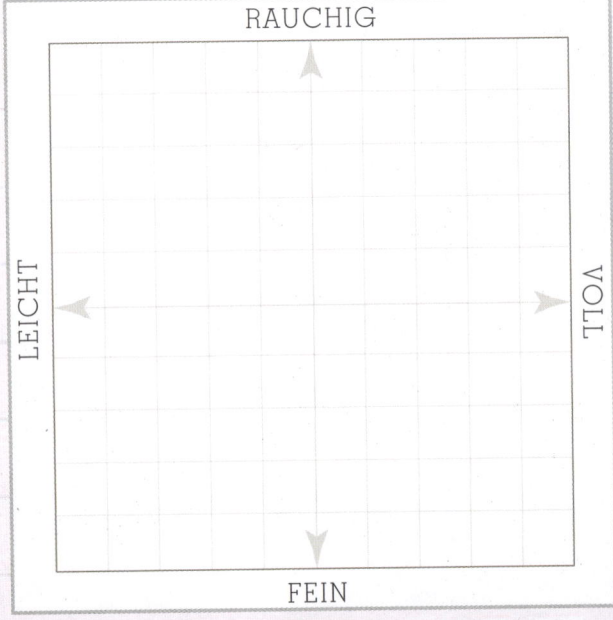

Whisky

Destillerie

Datum der Probe

Alter

Preis

Bewertung ★ ★ ★ ★ ★

Notizen

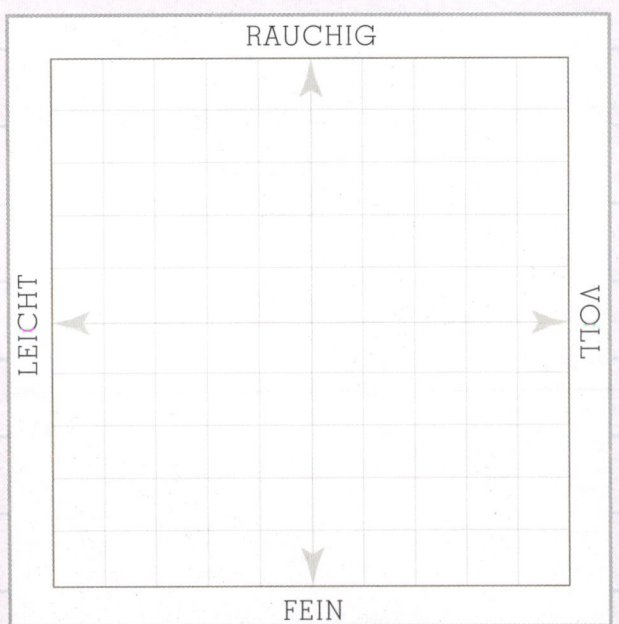

Whisky

Destillerie

Datum der Probe

Alter

Preis

Bewertung ★ ★ ★ ★ ★

Notizen

RAUCHIG

LEICHT   VOLL

FEIN

Whisky

Destillerie

Datum der Probe

Alter

Preis

Bewertung ★ ★ ★ ★ ★

Notizen

RAUCHIG

LEICHT   VOLL

FEIN

Whisky

Destillerie

Datum der Probe

Alter

Preis

Bewertung ★ ★ ★ ★ ★

Notizen

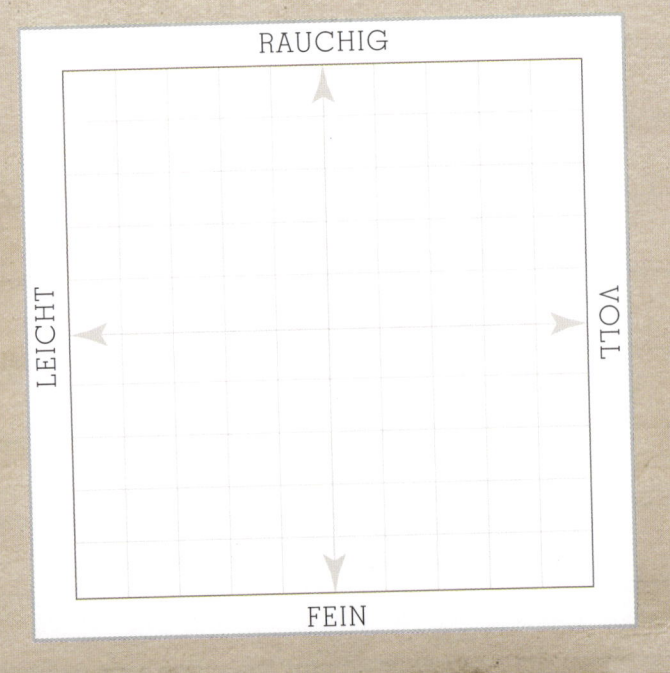

RAUCHIG

LEICHT　　　VOLL

FEIN

Whisky

Destillerie

Datum der Probe

Alter

Preis

Bewertung ★ ★ ★ ★ ★

Notizen

RAUCHIG

LEICHT — VOLL

FEIN

Whisky

Destillerie

Datum der Probe

Alter

Preis

Bewertung ★ ★ ★ ★ ★

Notizen

RAUCHIG

LEICHT — VOLL

FEIN

Whisky _____

Destillerie _____

Datum der Probe _____

Alter _____

Preis _____

Bewertung ★ ★ ★ ★ ★

Notizen _____

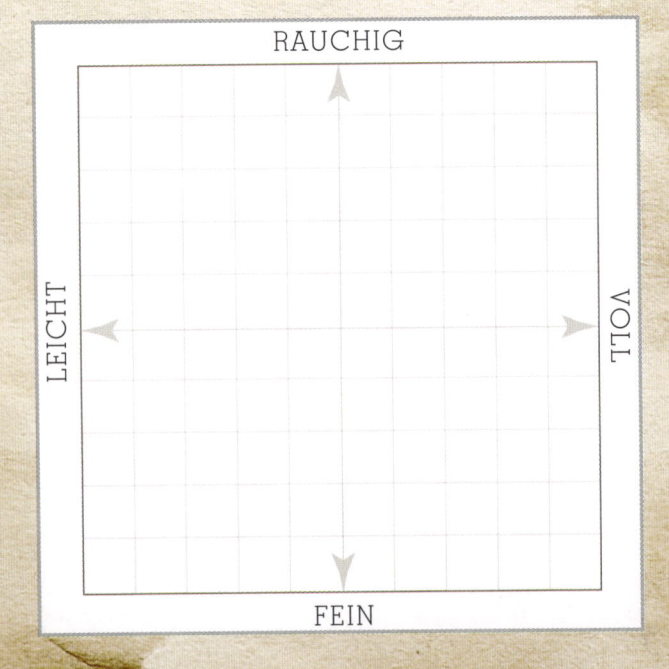

_____

_____

_____

RAUCHIG — LEICHT — VOLL — FEIN

Whisky _____

Destillerie _____

Datum der Probe _____

Alter _____

Preis _____

Bewertung ★ ★ ★ ★ ★

Notizen _____

_____

_____

_____

RAUCHIG — LEICHT — VOLL — FEIN

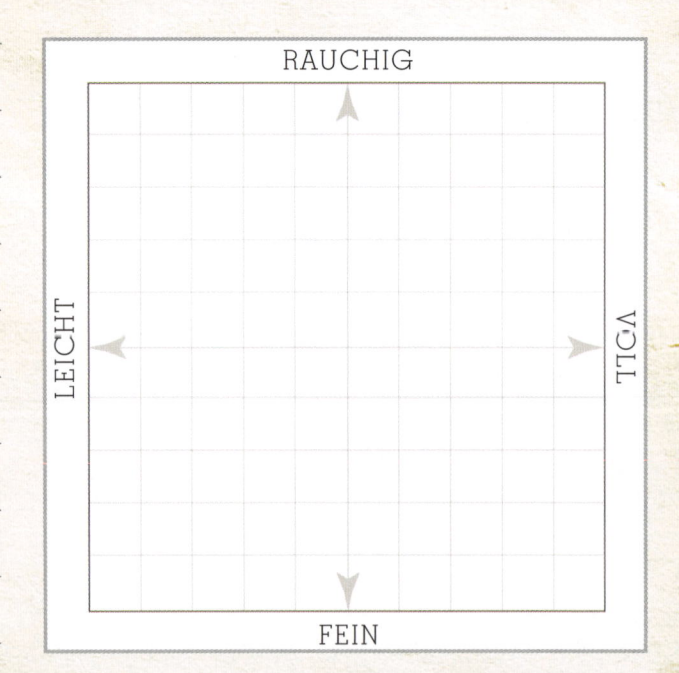

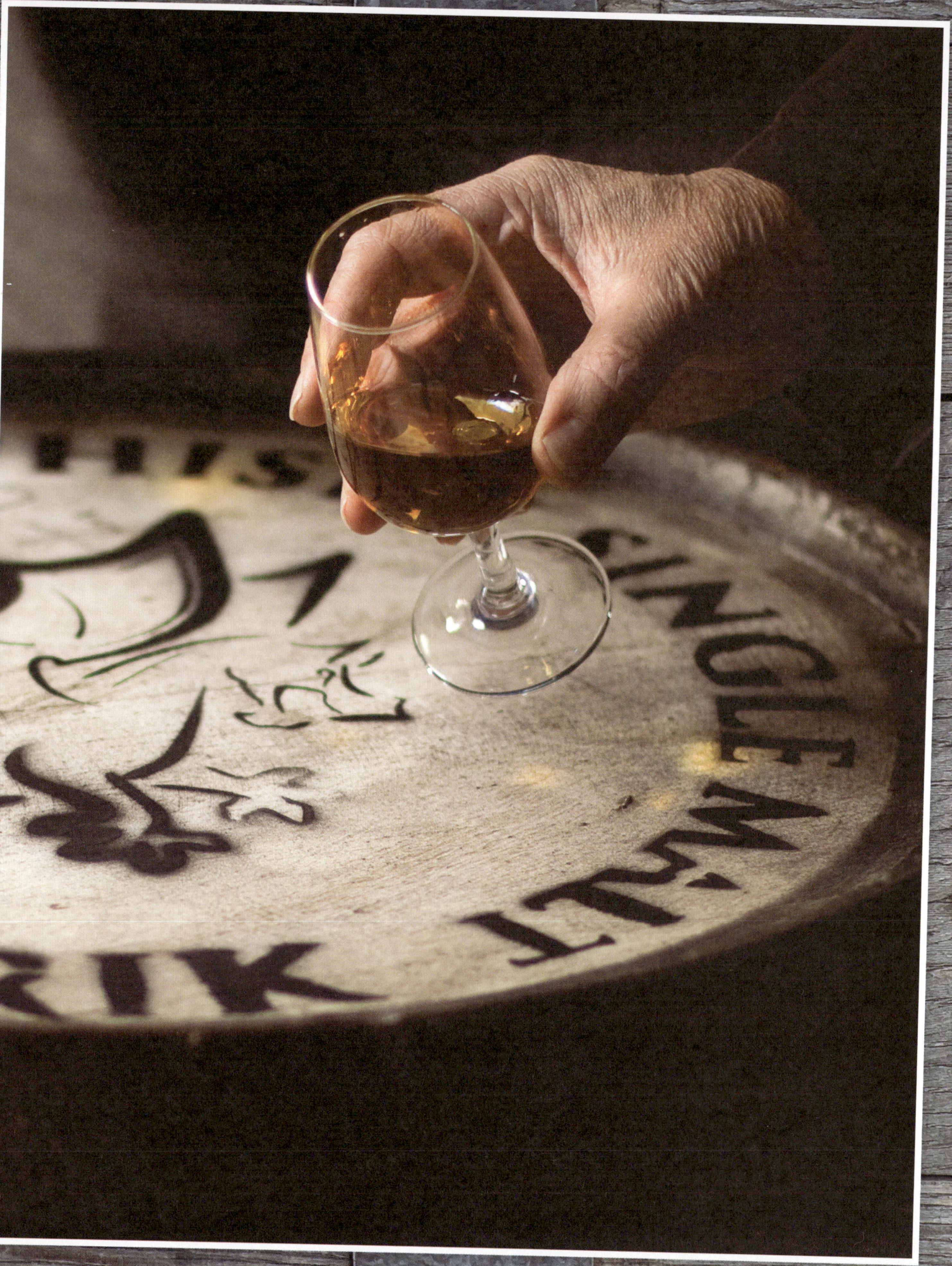
SINGLE MALT

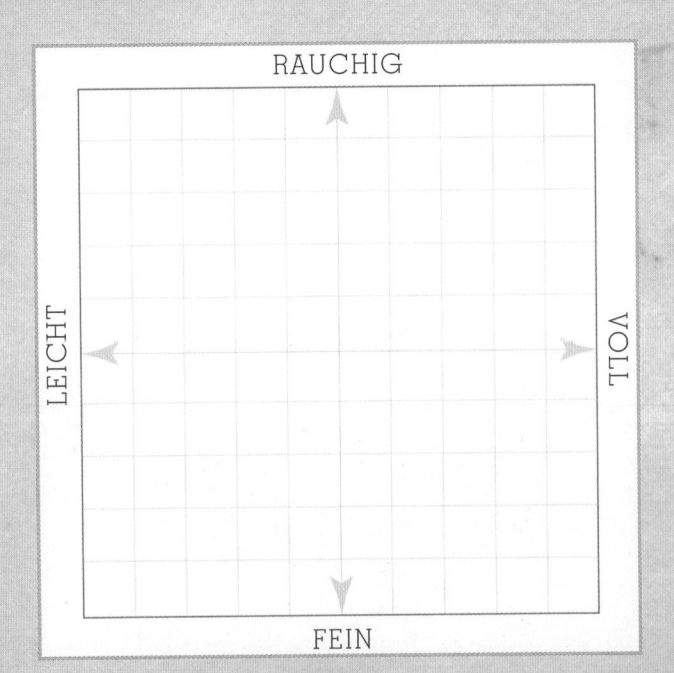

Whisky

Destillerie

Datum der Probe

Alter

Preis

Bewertung ★ ★ ★ ★ ★

Notizen

RAUCHIG

LEICHT — VOLL

FEIN

Whisky

Destillerie

Datum der Probe

Alter

Preis

Bewertung ★ ★ ★ ★ ★

Notizen

RAUCHIG

LEICHT — VOLL

FEIN

Whisky _____

Destillerie _____

Datum der Probe _____

Alter _____

Preis _____

Bewertung ★ ★ ★ ★ ★

Notizen _____

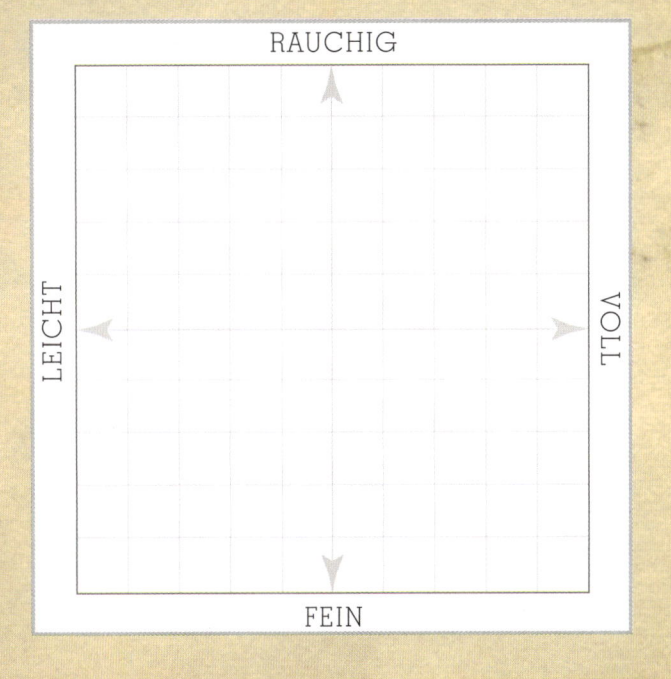

_____

_____

_____

_____

```
            RAUCHIG
      ┌──────────────────┐
      │                  │
LEICHT│                  │VOLL
      │                  │
      └──────────────────┘
             FEIN
```

Whisky _____

Destillerie _____

Datum der Probe _____

Alter _____

Preis _____

Bewertung ★ ★ ★ ★ ★

Notizen _____

_____

_____

_____

_____

```
            RAUCHIG
      ┌──────────────────┐
      │                  │
LEICHT│                  │VOLL
      │                  │
      └──────────────────┘
             FEIN
```

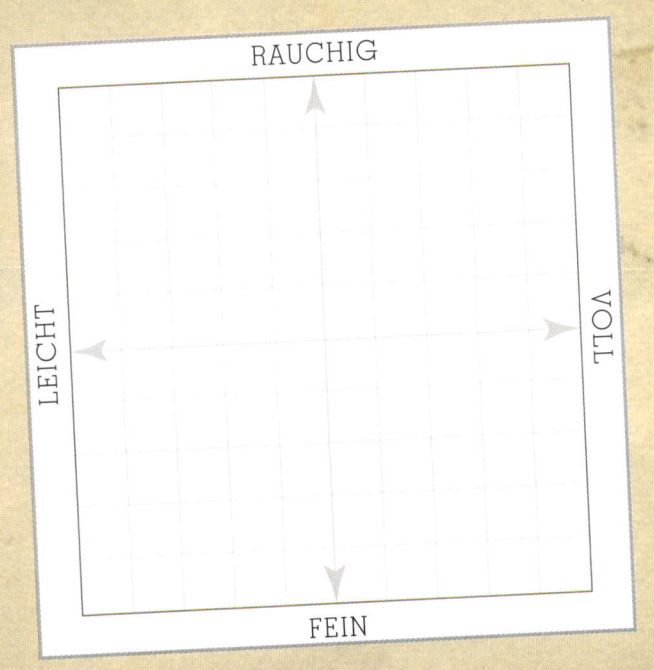

Whisky

Destillerie

Datum der Probe

Alter

Preis

Bewertung ★ ★ ★ ★ ★

Notizen

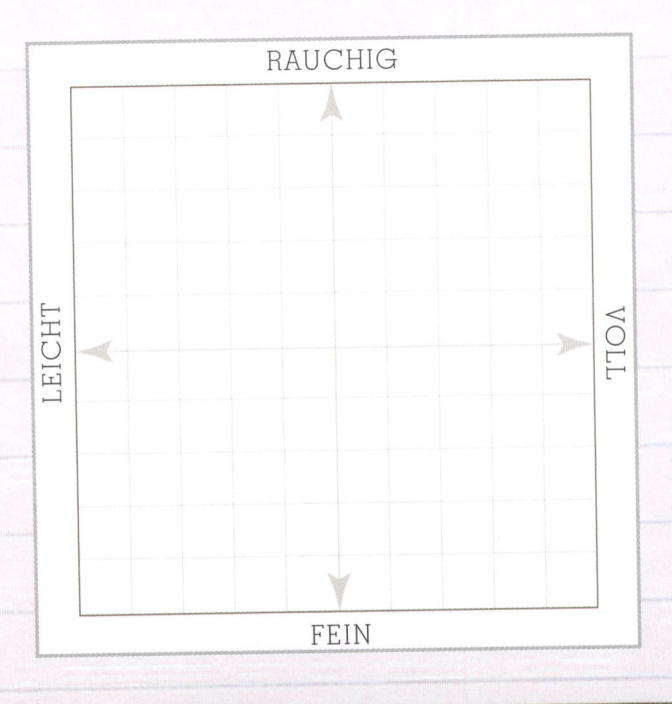

RAUCHIG

LEICHT   VOLL

FEIN

Whisky

Destillerie

Datum der Probe

Alter

Preis

Bewertung ★ ★ ★ ★ ★

Notizen

RAUCHIG

LEICHT   VOLL

FEIN

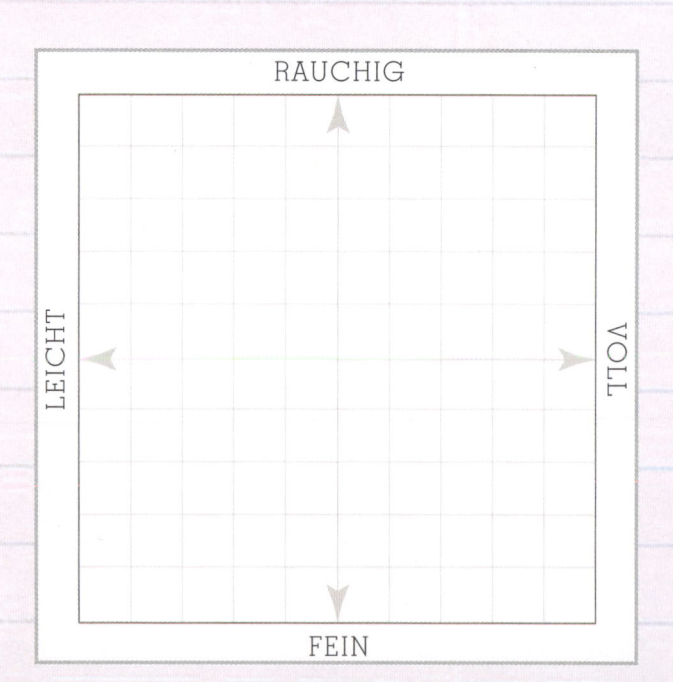

Whisky _____

Destillerie _____

Datum der Probe _____

Alter _____

Preis _____

Bewertung ★ ★ ★ ★ ★

Notizen _____

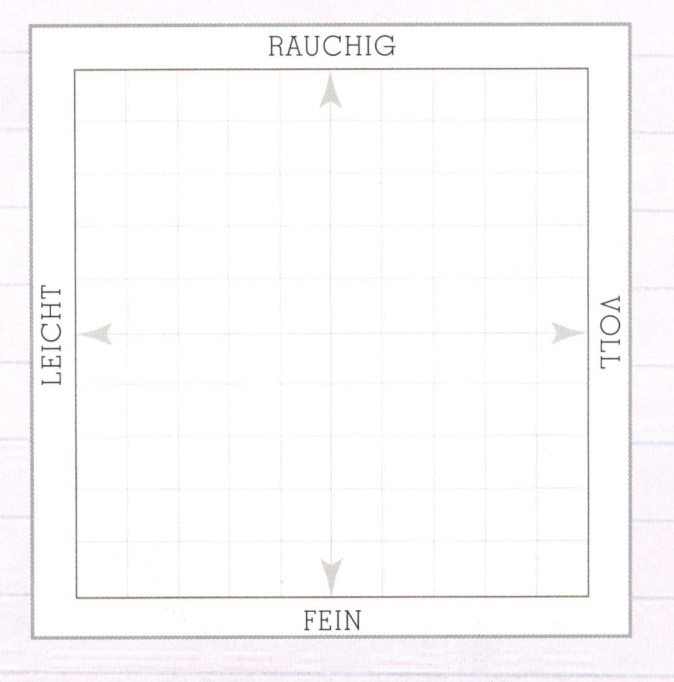

_____

_____

_____

_____

RAUCHIG

LEICHT — VOLL

FEIN

Whisky _____

Destillerie _____

Datum der Probe _____

Alter _____

Preis _____

Bewertung ★ ★ ★ ★ ★

Notizen _____

_____

_____

_____

_____

RAUCHIG

LEICHT — VOLL

FEIN

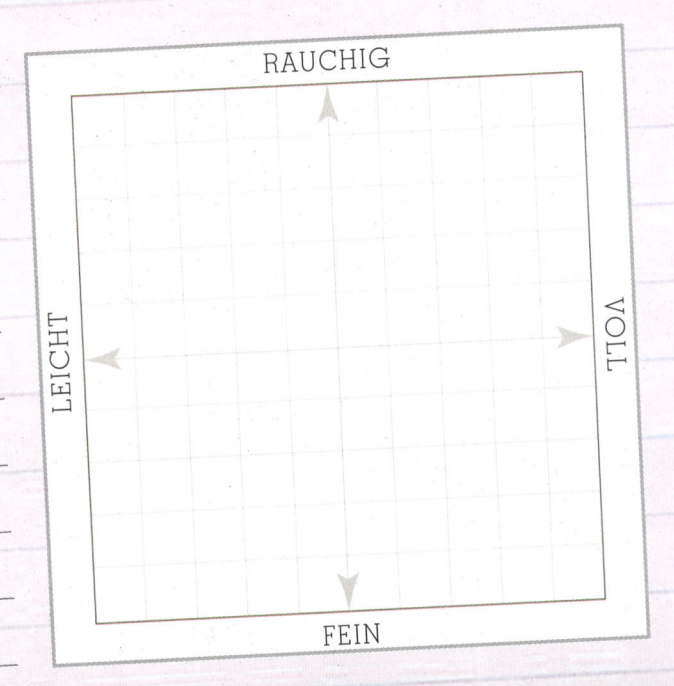

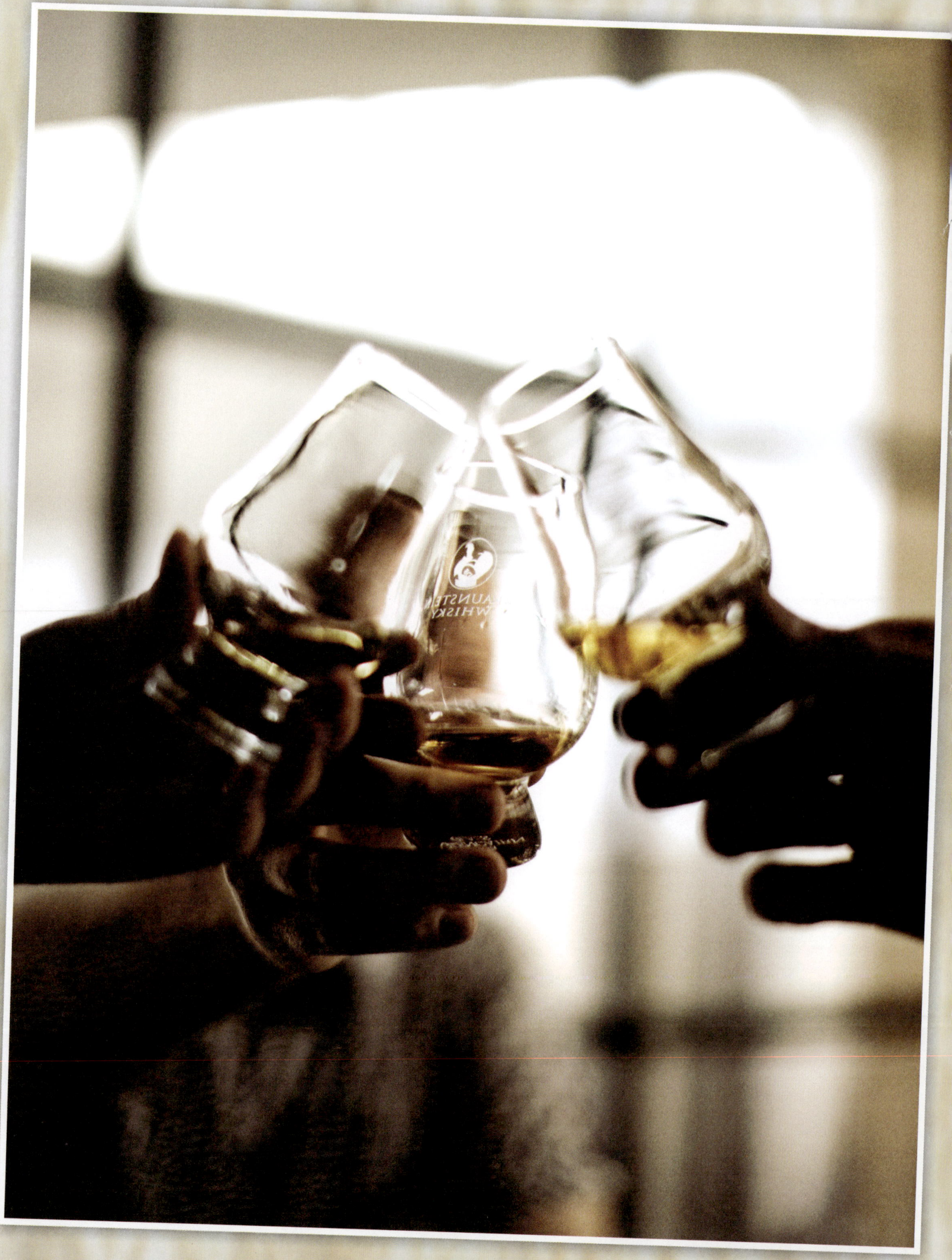

Whisky

Destillerie

Datum der Probe

Alter

Preis

Bewertung ★ ★ ★ ★ ★

Notizen

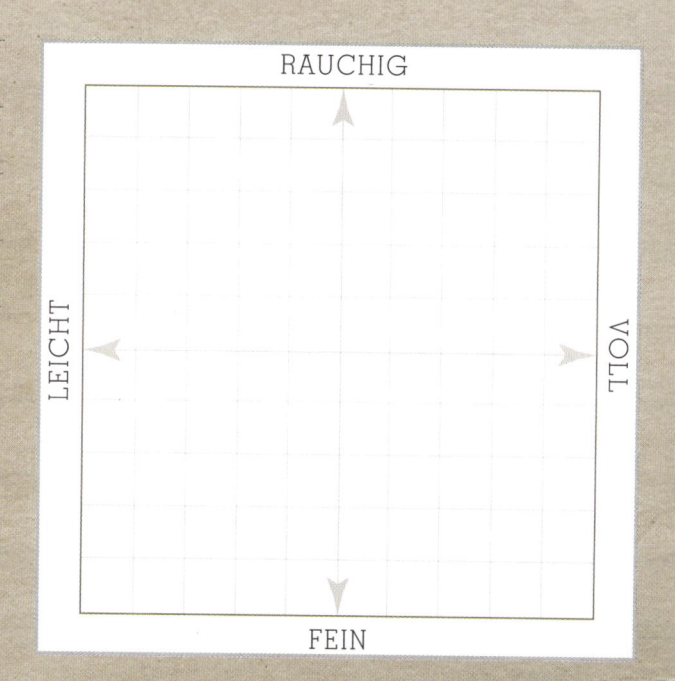

RAUCHIG

LEICHT — VOLL

FEIN

Whisky

Destillerie

Datum der Probe

Alter

Preis

Bewertung ★ ★ ★ ★ ★

Notizen

RAUCHIG

LEICHT — VOLL

FEIN

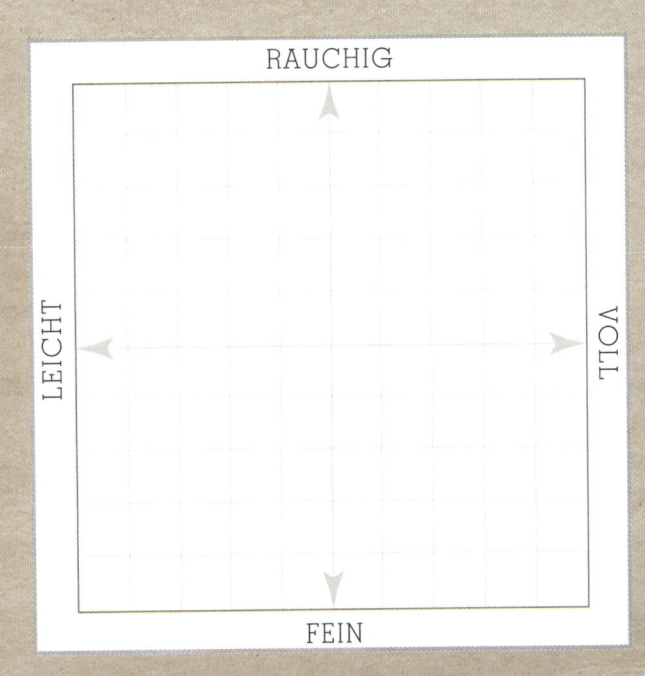

Whisky

Destillerie

Datum der Probe

Alter

Preis

Bewertung ★ ★ ★ ★ ★

Notizen

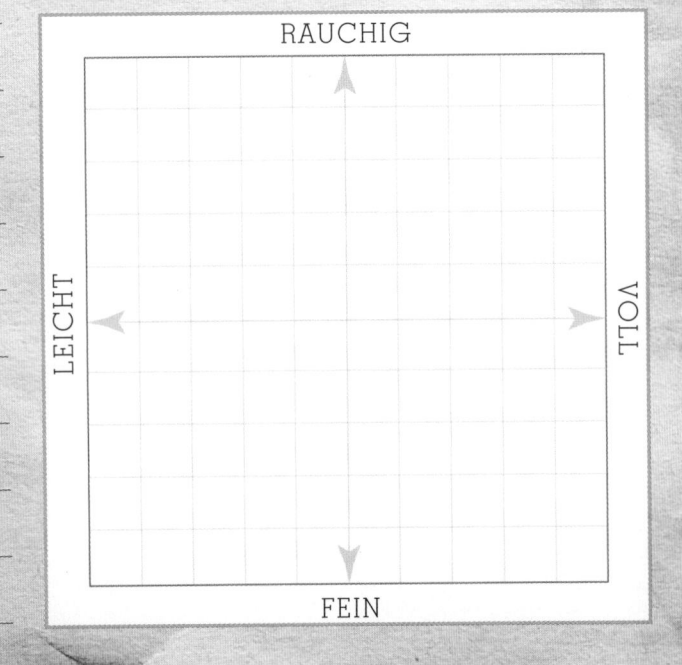

```
          RAUCHIG
    ┌─────────────┐
    │             │
LEICHT          VOLL
    │             │
    └─────────────┘
           FEIN
```

Whisky

Destillerie

Datum der Probe

Alter

Preis

Bewertung ★ ★ ★ ★ ★

Notizen

```
          RAUCHIG
    ┌─────────────┐
    │             │
LEICHT          VOLL
    │             │
    └─────────────┘
           FEIN
```

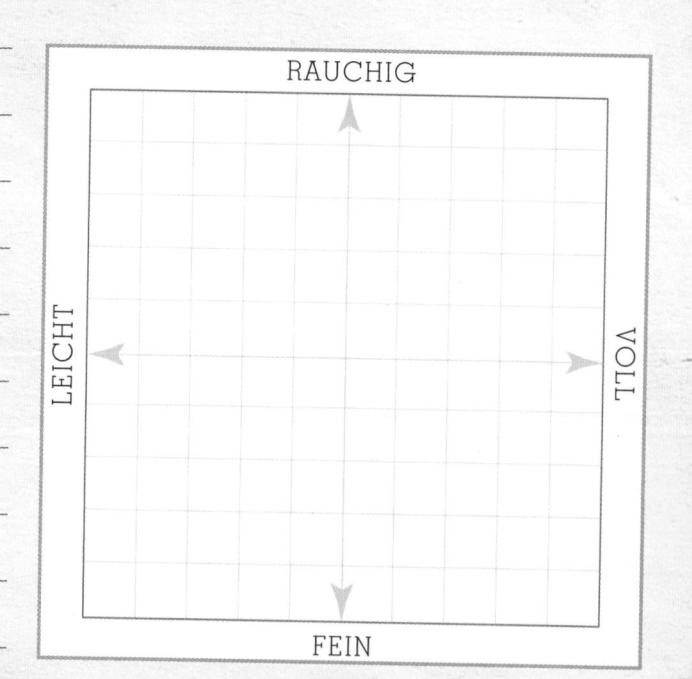

Whisky

Destillerie

Datum der Probe

Alter

Preis

Bewertung ★ ★ ★ ★ ★

Notizen

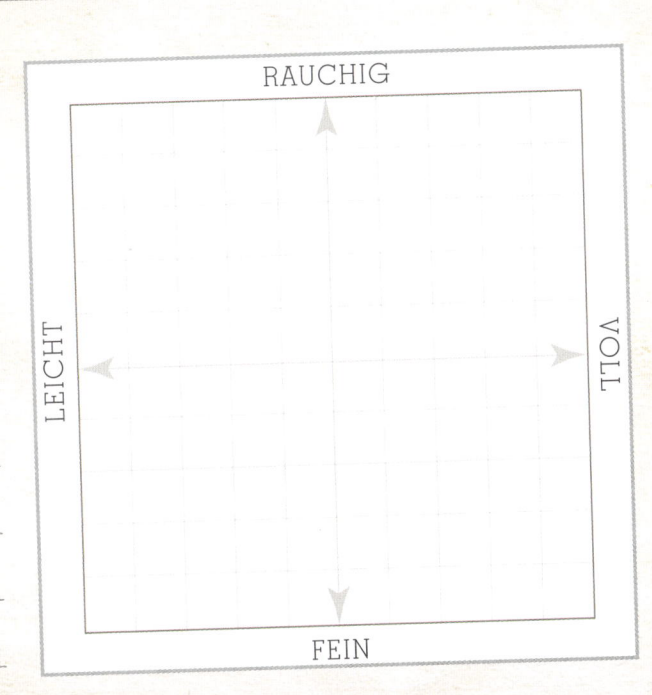

RAUCHIG

LEICHT

VOLL

FEIN

Whisky _____

Destillerie _____

Datum der Probe _____

Alter _____

Preis _____

Bewertung ★ ★ ★ ★ ★

Notizen _____

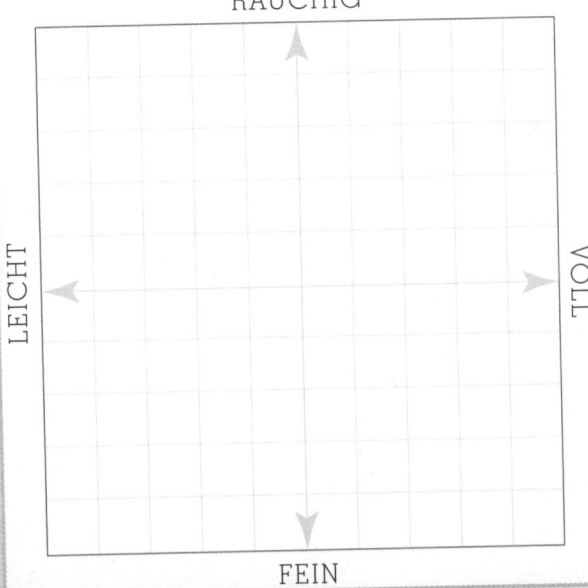

_____

_____

_____

_____

```
                    RAUCHIG
        ┌─────────────────────────┐
        │                         │
 LEICHT │  ←                   →  │ VOLL
        │                         │
        └─────────────────────────┘
                     FEIN
```

Whisky _____

Destillerie _____

Datum der Probe _____

Alter _____

Preis _____

Bewertung ★ ★ ★ ★ ★

Notizen _____

_____

_____

_____

_____

```
                    RAUCHIG
        ┌─────────────────────────┐
        │                         │
 LEICHT │  ←                   →  │ VOLL
        │                         │
        └─────────────────────────┘
                     FEIN
```

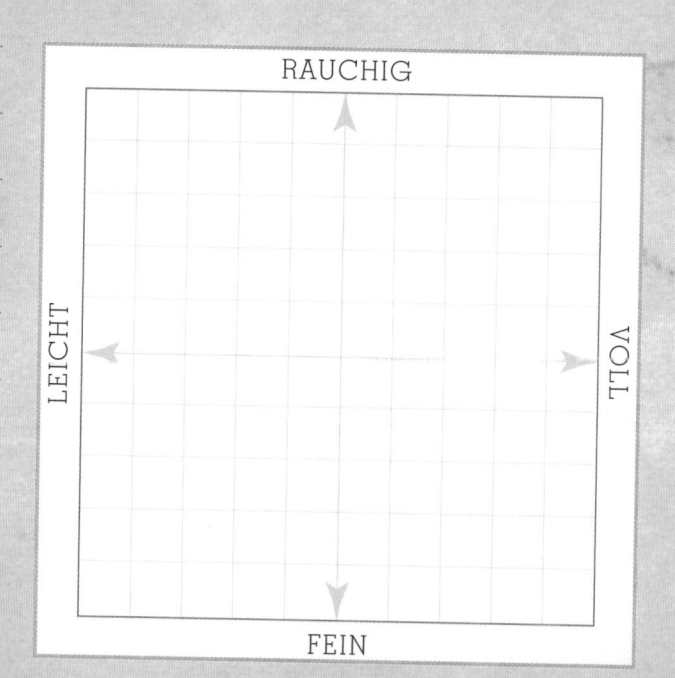

Whisky _____

Destillerie _____

Datum der Probe _____

Alter _____

Preis _____

Bewertung ★ ★ ★ ★ ★

Notizen _____

_____

_____

_____

_____

_____

RAUCHIG

LEICHT ←→ VOLL

FEIN

Whisky _____

Destillerie _____

Datum der Probe _____

Alter _____

Preis _____

Bewertung ★ ★ ★ ★ ★

Notizen _____

_____

_____

_____

_____

_____

RAUCHIG

LEICHT ←→ VOLL

FEIN

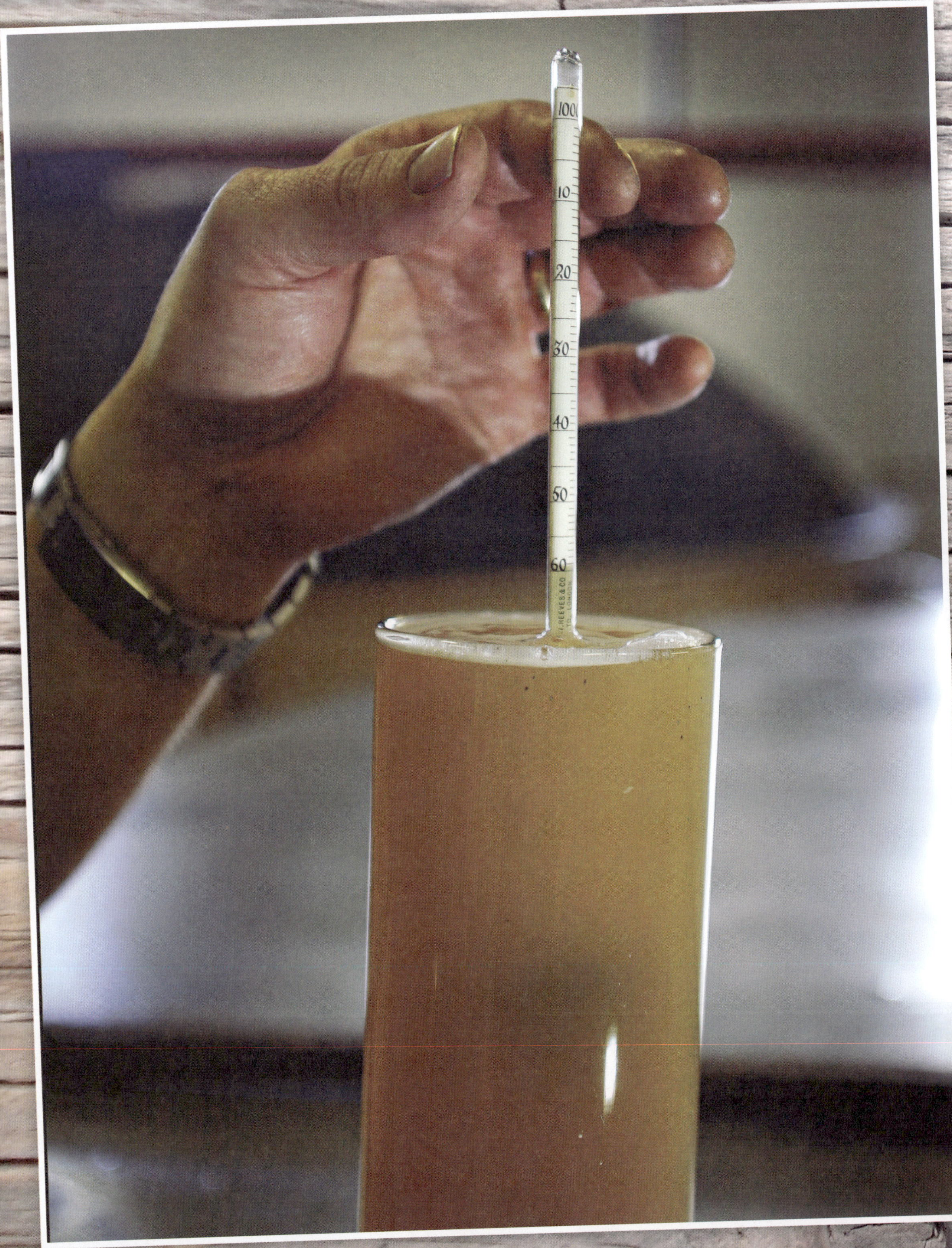
10
20
30
40
50
60

Whisky

Destillerie

Datum der Probe

Alter

Preis

Bewertung ★ ★ ★ ★ ★

Notizen

RAUCHIG

LEICHT — VOLL

FEIN

Whisky

Destillerie

Datum der Probe

Alter

Preis

Bewertung ★ ★ ★ ★ ★

Notizen

RAUCHIG

LEICHT — VOLL

FEIN

Whisky _____

Destillerie _____

Datum der Probe _____

Alter _____

Preis _____

Bewertung ★ ★ ★ ★ ★

Notizen _____

_____

_____

_____

_____

```
                RAUCHIG
         ┌─────────────────┐
         │                 │
    LEICHT ←             → VOLL
         │                 │
         └─────────────────┘
                 FEIN
```

Whisky _____

Destillerie _____

Datum der Probe _____

Alter _____

Preis _____

Bewertung ★ ★ ★ ★ ★

Notizen _____

_____

_____

_____

_____

```
                RAUCHIG
         ┌─────────────────┐
         │                 │
    LEICHT ←             → VOLL
         │                 │
         └─────────────────┘
                 FEIN
```

Whisky

Destillerie

Datum der Probe

Alter

Preis

Bewertung ★ ★ ★ ★ ★

Notizen

RAUCHIG

LEICHT — VOLL

FEIN

Whisky

Destillerie

Datum der Probe

Alter

Preis

Bewertung ★ ★ ★ ★ ★

Notizen

RAUCHIG

LEICHT — VOLL

FEIN

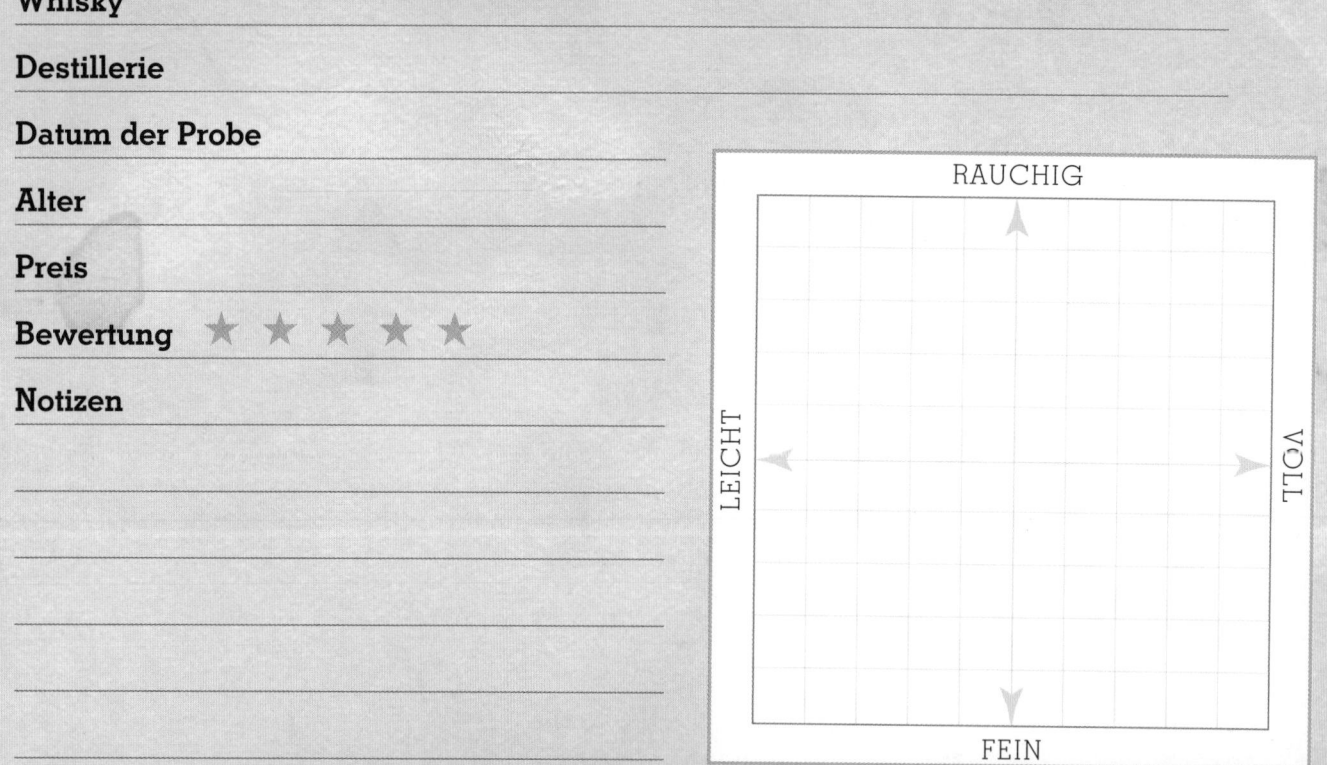

Whisky

Destillerie

Datum der Probe

Alter

Preis

Bewertung ★ ★ ★ ★ ★

Notizen

```
              RAUCHIG
    ┌─────────────────────┐
    │                     │
LEICHT                   VOLL
    │                     │
    └─────────────────────┘
               FEIN
```

Whisky

Destillerie

Datum der Probe

Alter

Preis

Bewertung ★ ★ ★ ★ ★

Notizen

```
              RAUCHIG
    ┌─────────────────────┐
    │                     │
LEICHT                   VOLL
    │                     │
    └─────────────────────┘
               FEIN
```

Whisky

Destillerie

Datum der Probe

Alter

Preis

Bewertung ★ ★ ★ ★ ★

Notizen

```
          RAUCHIG
   ┌─────────────┐
   │             │
LEICHT         VOLL
   │             │
   └─────────────┘
           FEIN
```

Whisky

Destillerie

Datum der Probe

Alter

Preis

Bewertung ★ ★ ★ ★ ★

Notizen

```
          RAUCHIG
   ┌─────────────┐
   │             │
LEICHT         VOLL
   │             │
   └─────────────┘
           FEIN
```

Whisky

Destillerie

Datum der Probe

Alter

Preis

Bewertung ★ ★ ★ ★ ★

Notizen

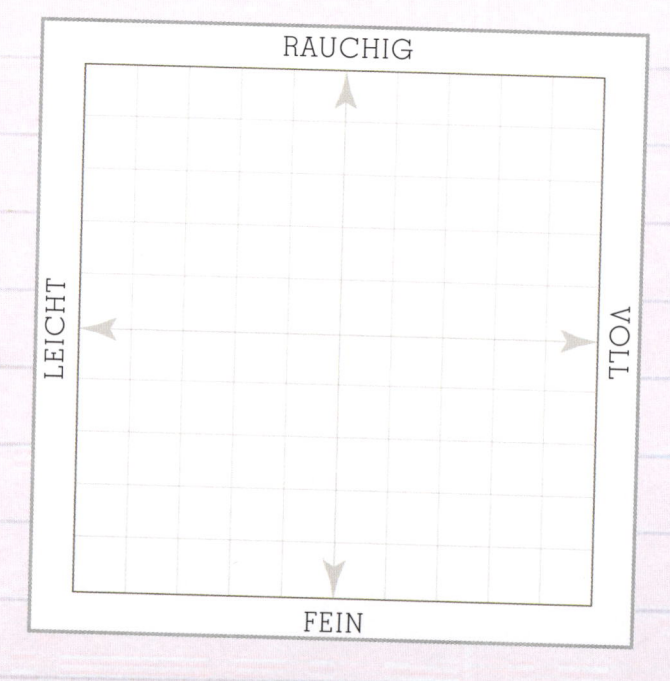

```
            RAUCHIG
    ┌──────────↑──────────┐
    │                     │
L   │                     │  V
E   │                     │  O
I ←─┤                     ├─→ L
C   │                     │  L
H   │                     │
T   │                     │
    └──────────↓──────────┘
             FEIN
```

Whisky

Destillerie

Datum der Probe

Alter

Preis

Bewertung ★ ★ ★ ★ ★

Notizen

```
            RAUCHIG
    ┌──────────↑──────────┐
    │                     │
L   │                     │  V
E   │                     │  O
I ←─┤                     ├─→ L
C   │                     │  L
H   │                     │
T   │                     │
    └──────────↓──────────┘
             FEIN
```

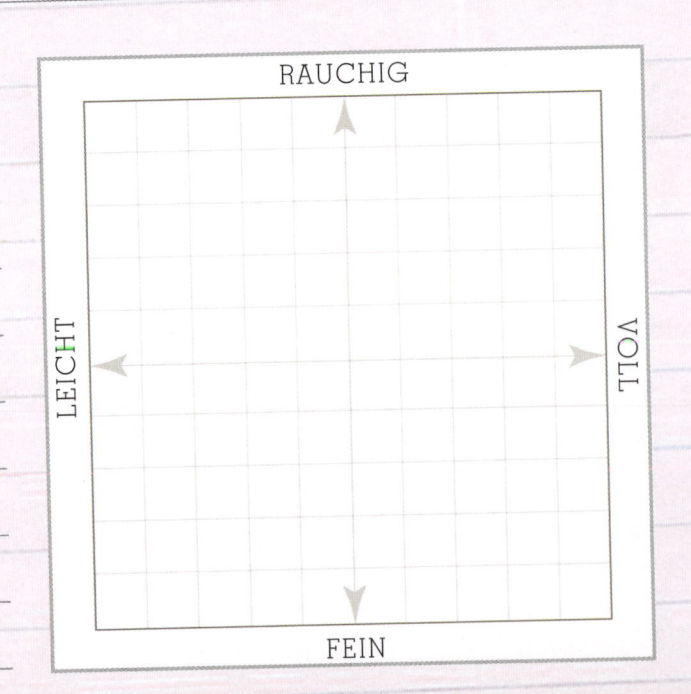

Whisky

Destillerie

Datum der Probe

Alter

Preis

Bewertung ★ ★ ★ ★ ★

Notizen

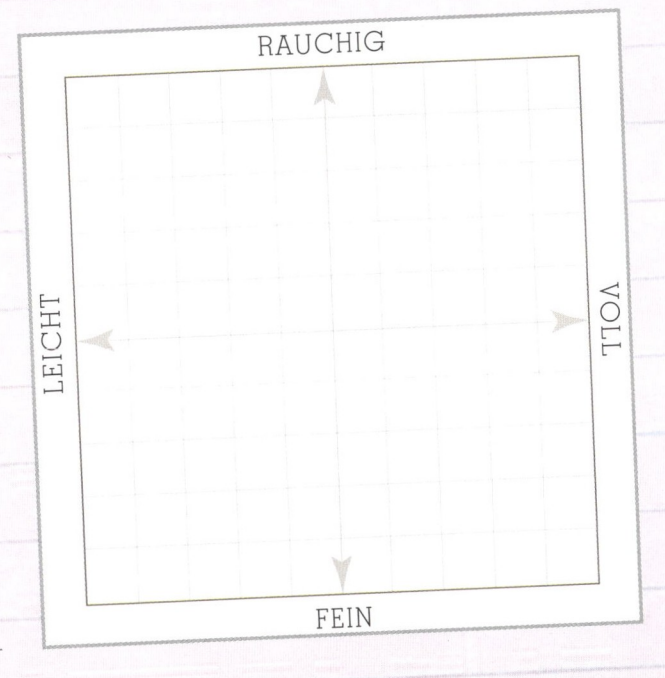

RAUCHIG

LEICHT ◄———► VOLL

FEIN

Whisky _____

Destillerie _____

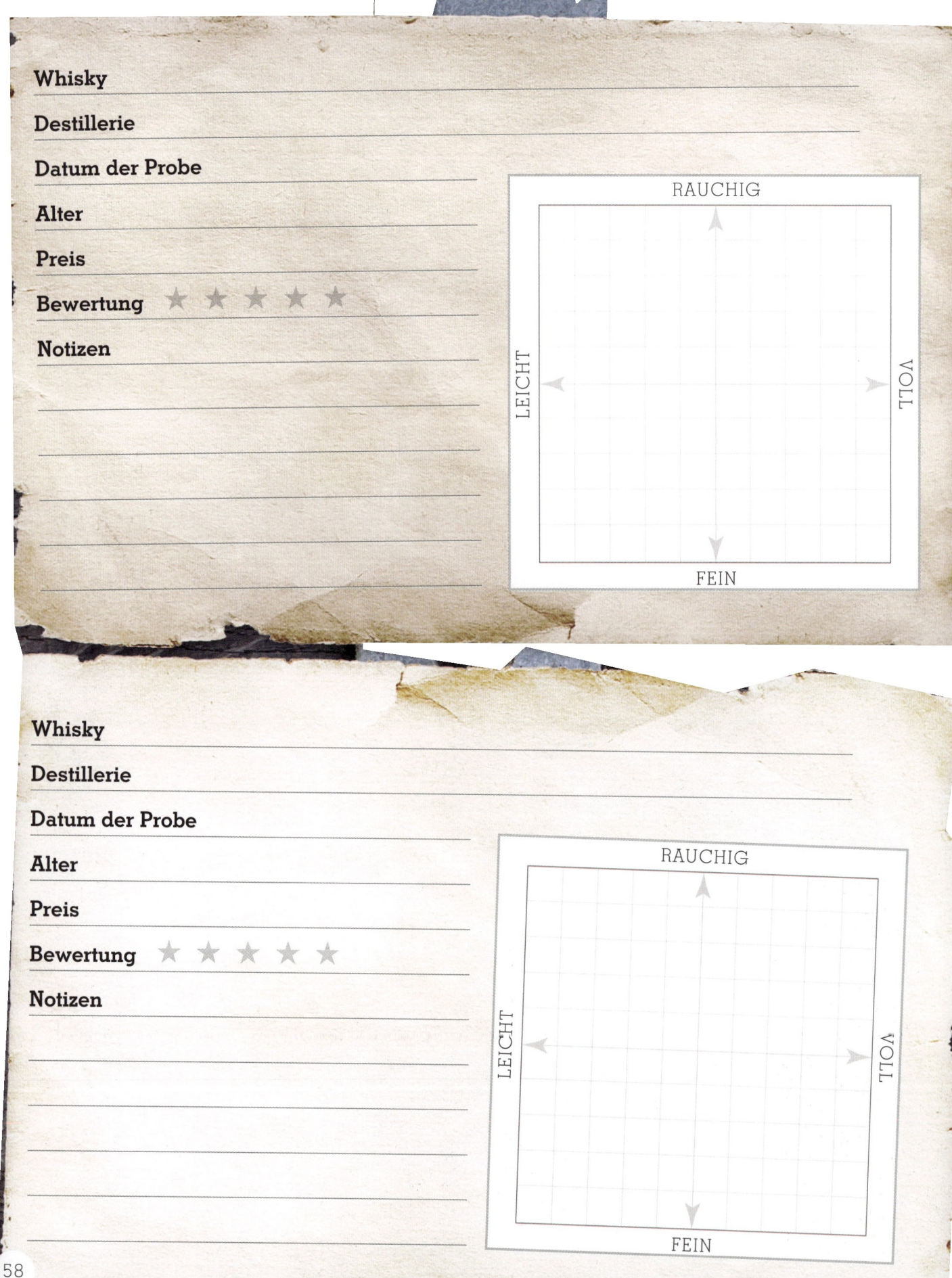

Datum der Probe _____

Alter _____

Preis _____

Bewertung ★ ★ ★ ★ ★

Notizen _____

_____

_____

_____

_____

_____

RAUCHIG — LEICHT — VOLL — FEIN

Whisky _____

Destillerie _____

Datum der Probe _____

Alter _____

Preis _____

Bewertung ★ ★ ★ ★ ★

Notizen _____

_____

_____

_____

_____

_____

RAUCHIG — LEICHT — VOLL — FEIN

Whisky

Destillerie

Datum der Probe

Alter

Preis

Bewertung ★ ★ ★ ★ ★

Notizen

```
         RAUCHIG
        ↑
LEICHT ←   → VOLL
        ↓
         FEIN
```

Whisky

Destillerie

Datum der Probe

Alter

Preis

Bewertung ★ ★ ★ ★ ★

Notizen

```
         RAUCHIG
        ↑
LEICHT ←   → VOLL
        ↓
         FEIN
```

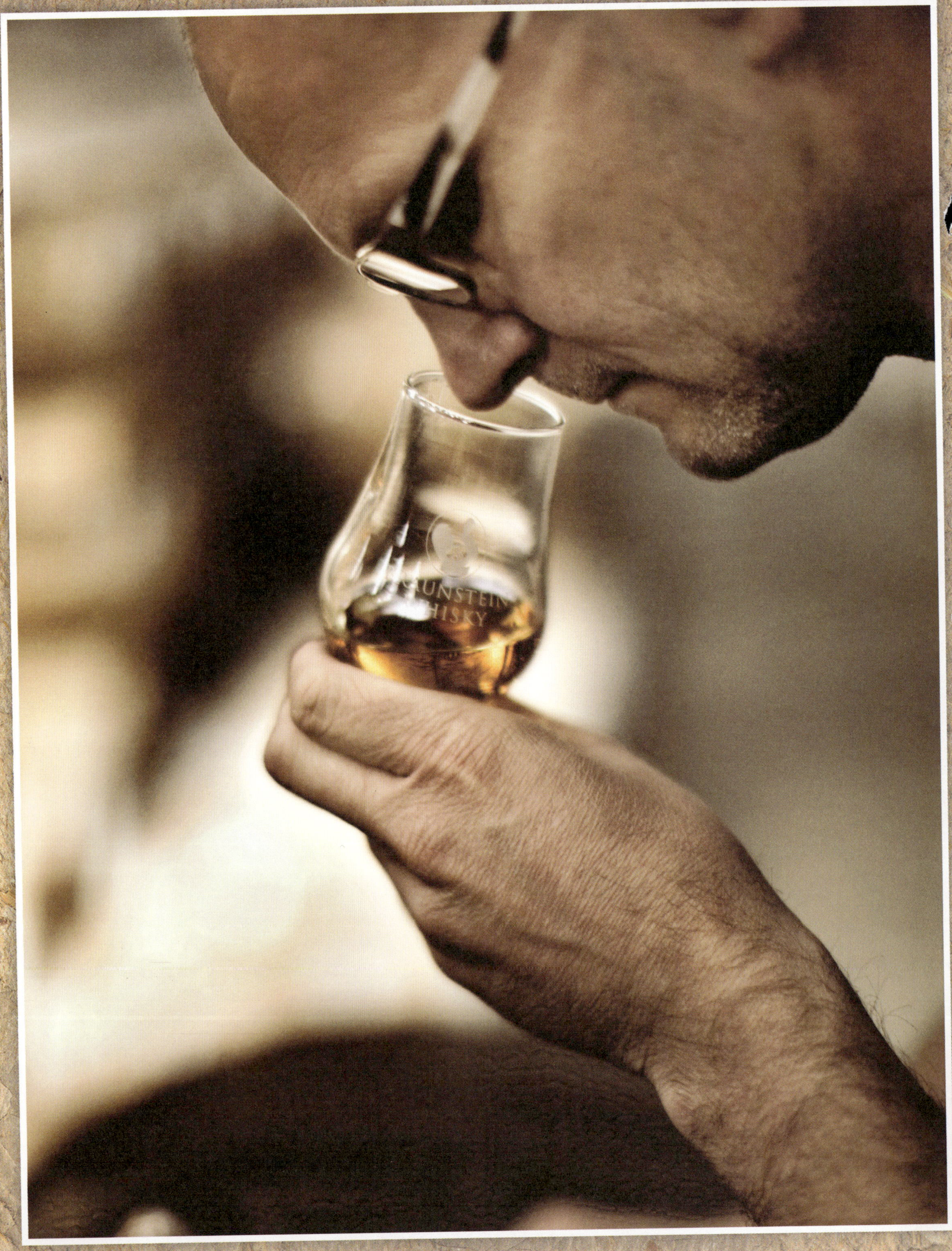

Whisky

Destillerie

Datum der Probe

Alter

Preis

Bewertung ★ ★ ★ ★ ★

Notizen

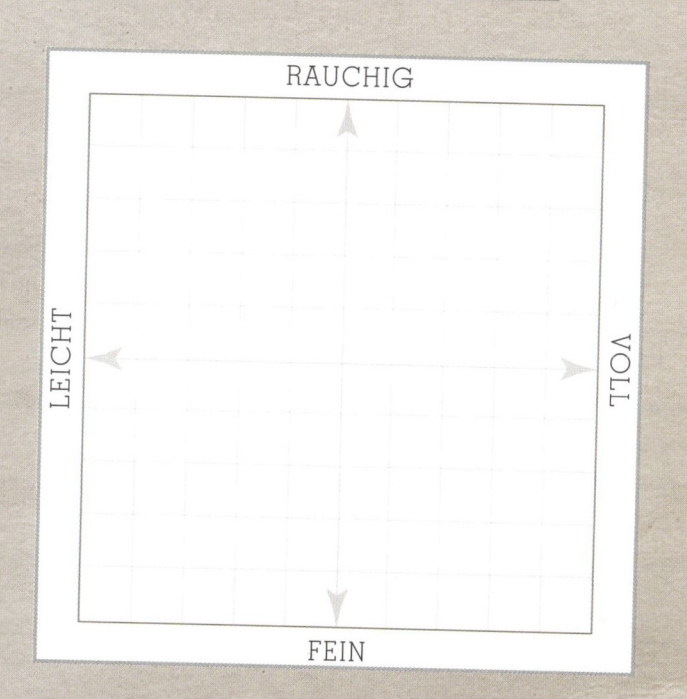

```
                RAUCHIG
    LEICHT              VOLL
                 FEIN
```

Whisky

Destillerie

Datum der Probe

Alter

Preis

Bewertung ★ ★ ★ ★ ★

Notizen

```
                RAUCHIG
    LEICHT              VOLL
                 FEIN
```

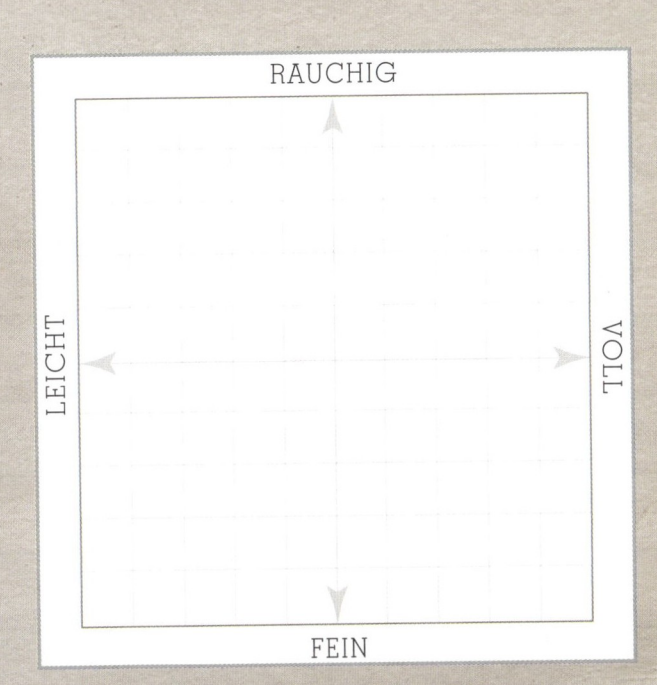

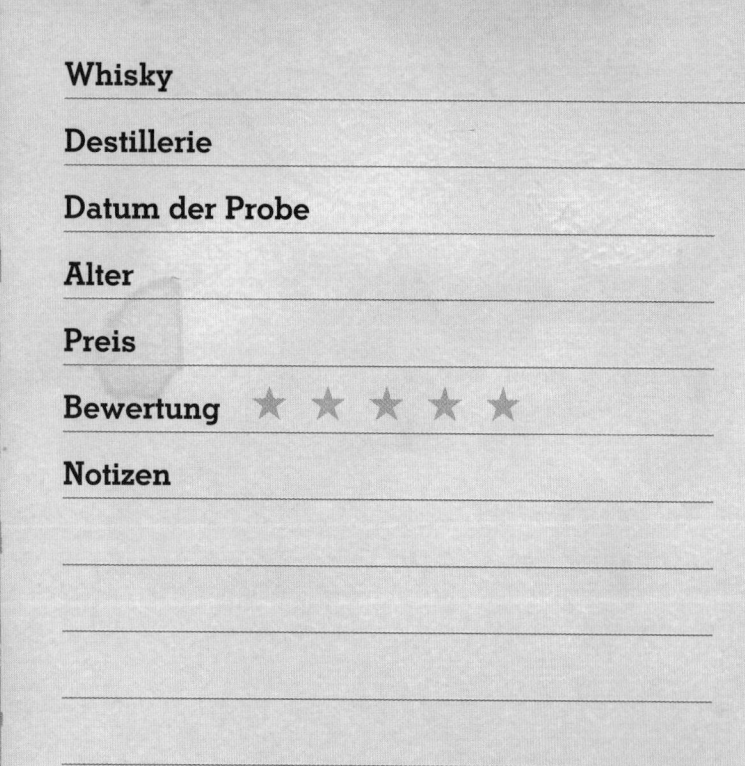

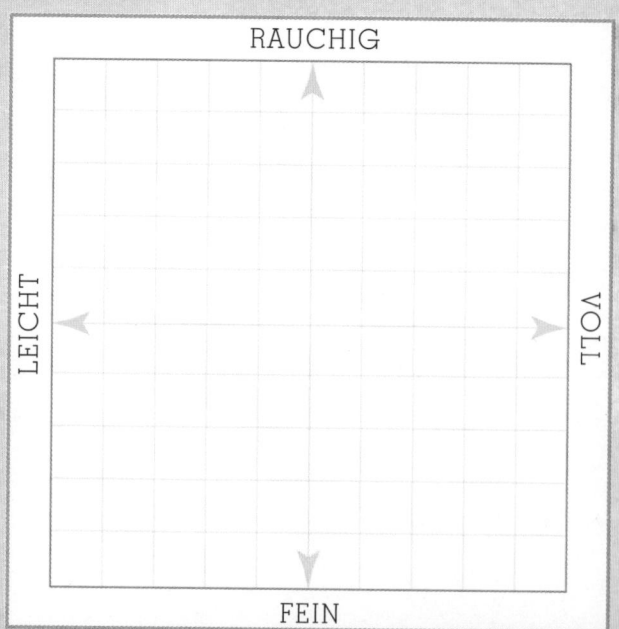

Whisky

Destillerie

Datum der Probe

Alter

Preis

Bewertung ★ ★ ★ ★ ★

Notizen

RAUCHIG

LEICHT — VOLL

FEIN

Whisky

Destillerie

Datum der Probe

Alter

Preis

Bewertung ★ ★ ★ ★ ★

Notizen

RAUCHIG

LEICHT — VOLL

FEIN

Whisky

Destillerie

Datum der Probe

Alter

Preis

Bewertung ★ ★ ★ ★ ★

Notizen

```
              RAUCHIG
        ┌──────────────┐
        │              │
  LEICHT │◄──────────►│ VOLL
        │              │
        └──────────────┘
               FEIN
```

Whisky

Destillerie

Datum der Probe

Alter

Preis

Bewertung ★ ★ ★ ★ ★

Notizen

```
              RAUCHIG
        ┌──────────────┐
        │              │
  LEICHT │◄──────────►│ VOLL
        │              │
        └──────────────┘
               FEIN
```

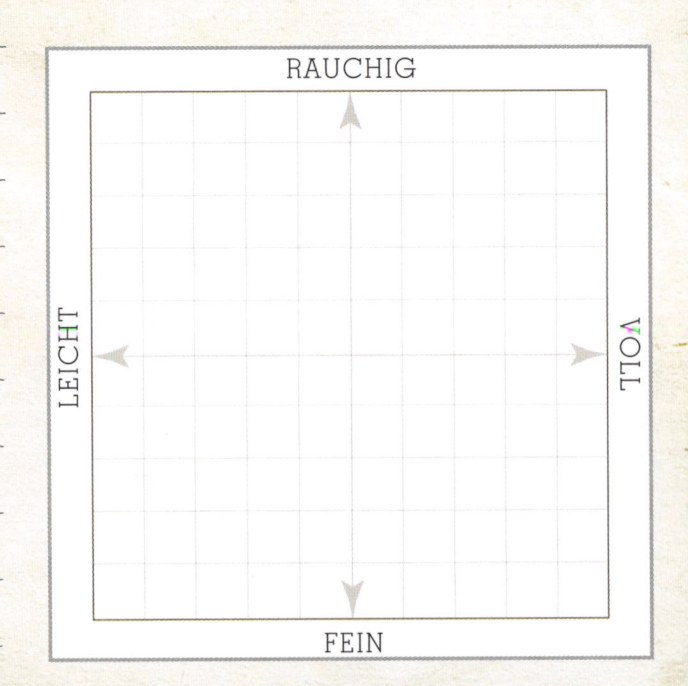

Whisky _____

Destillerie _____

Datum der Probe _____

Alter _____

Preis _____

Bewertung ★ ★ ★ ★ ★

Notizen _____

_____

_____

_____

_____

_____

RAUCHIG / LEICHT — VOLL / FEIN

Whisky _____

Destillerie _____

Datum der Probe _____

Alter _____

Preis _____

Bewertung ★ ★ ★ ★ ★

Notizen _____

_____

_____

_____

_____

_____

RAUCHIG / LEICHT — VOLL / FEIN